불설 천지팔양신주경

佛說天地八陽神呪經

Buddha Speaks
the Sacred Mantra Sutra of
Heaven-Earth & Eight Yang

^불_설 천지팔양신주경

佛說天地八陽神呪經

Buddha Speaks the Sacred Mantra Sutra
of Heaven-Earth & Eight Yang

초판 1쇄 발행 2020년 07월 11일
6쇄 발행 2023년 01월 26일

편저자 법진(法眞 李進雨)·이원일

펴낸이 허영신
편집장 허조행
교 정 이문수
마케팅 전진근·조관세·이수월
디자인 박채은

펴낸 곳 도서출판 블루리본
출판등록 제18-49(1998.1.21)

주소 서울시 강남구 역삼동 837-11 Union Ctr 1305
전화 (02) 3442-0256(대표)
팩스 (02) 512-0256
전자우편 brbooks@hanmail.net

ISBN 978-89-88185-57-5 03220    **BLUE RIBBON**®
B O O K S

값 10,000원   블루리본®

*서점에서 책을 사실 수 없는 분들은 전화로 주문
(02-3442-0256) 하시면 서점에 가시지 않고도 전국 어디서나
1-2일내 책을 받아 보실 수 있습니다.

농 협 352-0902-3937-63 (예금주: 허영신)
국민은행 818502-04-152931
제일은행 441-20-165120

Buddha Speaks
the Sacred Mantra Sutra of
Heaven-Earth & Eight Yang

唐 三藏法師 義淨 奉詔譯
법진(法眞 李進雨)·이원일 엮음

불 설 천지팔양신주경

佛說天地八陽神呪經

도서출판 블루리본

이 책을 감수하며

천지팔양신주경회 지도법사
운수 청청 고운맘 큰스님

운수 청청 고운맘

오늘날 우리는 고도의 물질문명 사회에서 살고 있으나 우리의 삶은 더욱더 복잡해지고 스트레스에 시달리고 있는 것이 현실이다.

"선남자야, 날마다 좋은 날이요, 달마다 좋은 달이요, 해마다 좋은 해로다."라는 좋은 구절이 《천지팔양신주경 제26분 일일호일분(日日好日分)》에 나온다. 이같이 우리의 삶에 기를 넣어주고 삶의 고해를 감로로 역전시켜 준다는 효험 때문에 세간에서는 천지팔양신주경은 소위 '기도발이 너무나 강해서 2번 읽으면 그릇이 엎어진다는 경'으로도 알려져 있다.

이러한 경의 효험이 입에서 입으로 알려져 《천지팔양신주경》은 불자님들만이 아닌 일반 대중사회에도 널리 보급되어 있다. 경의 내용이 좋아, 독송하다 보면 독송한 만큼 본인에게 좋은 일이 생기며 가정과 사회생활에서의 어려운 일들이 해결되고 근심과 걱정이 소멸된다고 한다.

본 지도법사는 《천지팔양신주경》이 대중들로 하여금 사회생활을 함에 있어서 그릇된 길에 빠지지 않게 하는 지혜의 경전이며, 이웃의 고통을 함께 하는 보살행을 가르치는 경이며, 대승사상과 깨달음의 지혜를 얻게 하는 참 가르침의 방편경임을 그 간의 포교를 통하여 더욱 확신하는 바이다.

이번에 도서출판 블루리본에서 정성을 기울여 《천지팔양신주경》을 시대에 맞게 편집하고, 역대 선지식들의 주석을 참조한 해설과 불자님들의 영험록을 곁들여 출간하였다. 일반대중이 불교의 진리를 알기 쉽게 하여 신심을 더욱 분발케 한 점이 돋보이며, 참으로 기쁘고 반갑기 그지없다.

온 국민과 더불어 세계인 모두가 《천지팔양신주경》을 널리 독송하고 사경하고 발원하면서 일일호일이 되기를 삼보님 전에 발원하나이다.

천지팔양신주경회 지도법사 운수 청청 합장

천지팔양신주경 서

　불제자님들이 《천지팔양신주경》을 독송하다보면 곳곳에서 난해한 어구들을 만나게 되는데, 그 때마다 정작 주해나 해설이 한 마디도 없어 답답함을 토로하는 상황을 저자들은 자주 보아왔다.

　금강경·천수경·십육대아라한예찬(나한기도집) 다음으로 《천지팔양신주경》이 많이 독송되고 있지만 정작 해설은 사실상 전무하여 새 시대에 맞는 천지팔양신주경의 필요성을 절감하고 있던 차에, 마침 지도법사 큰스님께서 "불제자님들 누구나 독송하면서도 그 뜻을 알기 쉽도록 주해를 단 천지팔양신주경을 새로 써주었으면 좋겠다."고 당부하셨다.

　그리하여 저자들은 천지팔양신주경을 집필하면서, 관련 자료들을 찾고 또한 고려대장경(高麗大藏經), 불설팔양신주경(佛說八陽神呪經), 불설팔길상신주경(佛說八吉祥神呪經), 불설팔길상경(佛說八吉祥經), 불설십길상경(佛說十吉祥經), 불설팔불명호경(佛說八佛名號經), 불설팔부불명경(佛說八部佛名經), 대정신수대장경(大正新修大藏經) 제85책의 천지팔양신주경 원문, 초조대장경을 보완한 속장경(續藏經)의 하기 오자를 바로 잡은 천지팔양신주경, 조선조 화담당 경화대선사께서 주석한 불설천지팔양신주경주(佛說天地八陽神呪經註) 등을 참고하였다.

① 《천지팔양신주경》은 어떤 경전인가?

　「문여시(聞如是)」로 시작하여 「즉열반락(卽涅樂樂)」으로 끝나는 이 경전은 연기(緣起), 고(苦), 공(空), 무상(無常), 무아(無我) 등 불교의 근본교리와 상구보리 하화중생(上求菩提 下化衆生)의 보살사상을 담고 있다.

　또한 실생활에서의 필요를 감안한 방편인 듯 유가(儒家)나 도가(道家)의 음양오행(陰陽五行)에 무위자연(無爲自然) 사상까지도 포용한 듯하다.

　천지팔양신주경은 불전(佛典)의 올바른 이해와 보리심(菩提心)을 발로(發露)케 하여 나쁜 일을 하지 않고 착한 일을 함으로써 스스로 그 착한 마음 가운데서 혁명적인 인생살이를 창조할 수 있도록 인도하고 있다.

　"사람은 능히 도를 넓히고 도는 몸을 윤택케 하는 것이니 도를 의지하고 사람을 의지하면 모두 성인의 도를 이루나니라 …"

　"선남자야, 날마다 좋은 날이요, 달마다 좋은 달이요, 해마다 좋은 해로다. 진실로 막힐 것이 없으니 …" 천지팔양신주경에 있는 부처님의 말씀들이다.

이 경에서는 사람의 몸을 받아 태어나기란 손톱에 낀 흙만큼이나 드문(如指甲上土/여지갑상토) 수승하고 감사한 인연임에도, 심성이 선하고 온유한 자보다는 독하고 완고한 자가 더 많으며 선업을 쌓는데 힘쓰지 않고 악업과 악행을 멈추지 않는 미혹한 인간들에 대해 안타까움을 나타내고 있다.

부처님의 가르침이 마치 씨줄과 날줄처럼 이 경을 이루고 해와 달이 음양을 이루며 순행하듯이 이 우주 안에서 인연 지어진 우리 인간도 천지의 도를 따라 순응하고 선업을 지으면 그것이 복덕을 이루고 위난을 벗어나는 길임을 강조하는 것이 이 경의 핵심이다.

천지팔양신주경은 우리의 실생활에서 매우 친숙한 경이다. 왜냐하면 그 내용이 불교적 수행정진에 대한 내용은 물론, 우리의 일상생활에서의 방편도 포함하고 있기 때문이다. 즉 집터를 닦고 집짓고 수리하거나, 입주할 때, 멀리 여행할 때, 시험 칠 때, 송사가 있을 때는 물론이요, 결혼할 때나 출산하게 되거나 장사지낼 때, 치료할 때, 고사 지낼 때, 사업할 때 등 우리 일상의 대소사를 막론하고 근심걱정이 있을 때 이 경을 세 번 또는 일곱 번만 정성스레 읽어도 부처님의 자비와 호법신중님들의 가호로 모든 재난을 물리치고 소원을 성취한다고 하였다.

뿐만 아니라 악한 사람도 선하여지고 어리석은 사람도 마음 씀씀이를 크게 깨닫게 하여 지혜로워지며 범부가 성인되어 인생의 모든 고통과 갖가지 재난을 벗어날 수 있다 하였으니 누가 이 경을 보고 그냥 지나칠 수 있겠는가.

천지팔양신주경은 그 길이도 읽기에 부담이 없고 효과도 좋다. 이 경은 위급한 사람에게 꼭 필요한 강력하고도 빠른 효과를 주는 경전으로, 평소에는 지장경을 통해 수행을 하다가도 위급할 때는 천지팔양신주경을 독송한다.

특히 천지팔양신주경에 있는 주문인 "아거니 니거니 아비라 만례 만다례"는 나쁜 잡귀나 온갖 재액을 퇴치하는 강력한 효과가 있으며, 이를 체험하였다는 신비로운 염험담이 많다.

그리하여 이 경을 독송하고 사경한 공덕으로 사업에 성공하여 부자가 되고 부귀공명을 누린 사람들이 부지기수요, 좋은 배우자를 만나 행복한 가정을 이루고 해와 달 같은 아들딸을 낳고 자손번성한 사람들이 부지기수요, 시험에서 우수한 성적으로 진학한 수험생들, 각종 병에서 완쾌한 사람들이 부지기수요, 또한 마침내 견성성불한 사람들도 적지 않다. 천지팔양신주경은 이처럼 우리 인간의 삶을 윤택하게 하여주는 신비롭고 성스러운 지혜의 경전이다.

②《천지팔양신주경》의 제목풀이(釋題名義)

천지팔양신주경(天地八陽神呪經)의 본래의 명칭은 불설천지팔양신주경(佛說天地八陽神呪經)인데, 보통은 간단히 천지팔양경 또는 팔양경이라고도 부른다.

불설천지팔양신주경(佛說天地八陽神呪經; *Buddha Speaks the Sacred Mantra Sutra of Heaven-Earth & Eight Yang* ≪한글·영어·한문 3개 국어로 읽는 천지팔양신주경, 법진·이원일 공저 참조≫)은 「부처님께서 말씀하신 천지팔양신주경」이라는 뜻이다. 「불설(佛說)」은 그 이치나 말씀에 걸림이 없다는 뜻이고 「천지팔양(天地八陽)」은 깨달은 이치이며, 「신주(神呪)」는 능히 깨달은 지혜이다.

그러면 좀 더 세부적으로, 불설천지팔양신주경의 「불설(佛說)」, 「천지(天地), 「팔양(八陽)」은 무슨 뜻이고 「신주(神呪)」, 「경(經)」이란 무슨 뜻인가?

첫째, 「불설(佛說; 산스크리트 buddha-vacana/붓다 바카나의 음역)」이란, 우주와 인생의 근본을 깨닫고 일과 이치를 깨닫고 선과 악을 깨닫고 밝고 어두운 것을 모두 깨달으신 부처님의 말씀이나 가르침이다. 부처님의 설(說)을 칠변(七辯; 불·보살님의 뛰어난 7가지 말솜씨)의 언사라고도 한다.

그런데 여기서 말하는 부처님은 화신불 석가모니 부처님처럼 생사거래(生死去來)하는 부처님이 아니라, 형태도 없으나 시공(時空)을 초월하여 시방삼세에 두루 계시며 이 세상의 모든 것을 그 안에 다 감싸고 계신 진리의 부처님으로서 우주의 근본이 되고 우리들의 삶을 주재하는 만법(萬法; 우주 간의 온갖 법도; dharma/다르마)의 근본이 되는 십화장세계 미진수 대인상을 갖추신 비로자나 법신불(法身佛; Dharma-kaya Buddha/다르마까야 붓다 Skt.)을 말한다.

둘째, 「천지(天地)」란, 삼구(三句)를 벗어난 것을 「하늘(天)」이라 하고 여러 가지 덕을 크게 갖추어 갈무리고 있는 것을 「땅(地)」이라 한다. 지(地)란, 바로 공허(空虛)하지도 않고 있지도 않으면서(不空不有/불공불유) 만물을 그 속에 싣고 성주괴공(成住壞空)을 연속시키는 것이다.

화담당 경화스님은 자신이 주해한 《불설천지팔양신주경주(佛說天地八陽神呪經註)》에서 이를 "진속(眞俗)에 걸림이 없는 중도"라고 표현하였다. 즉 진속에 거리낌이 없이 도(道)에 합치(合致)되는 것이란 뜻이다.

셋째, 「팔(八)」이란, 곧 팔식(八識), 즉 아뢰야식(阿賴耶識; 산스크리트 alaya/알라야 「저장, 창고」의 음사)의 이치를 담고 있다는 뜻이다.

모든 업종자를 저장 보호하는 제8 아뢰야식은 모든 식의 근본이 되는 식으로, 갖가지 종자를 잘 갈무리고 있다 하여 장식(藏識)이라고도 한다.

넷째, 「양(陽)」이란, 곧 인연을 따르되 변치 않는 대도(大道)와 무위(無爲)의 법(法)을 밝고 맑게 이해하는 마음을 말한다.

다섯째, 「신주(神呪)」란, 그 작용의 묘(妙)를 이루 헤아리기 어렵고 신통자재 하므로 「신(神)」이라 하고 처음도 끝도 없는 가운데 무진한 작용을 일으켜 만 가지 일의 원하는 바를 성취하게 하므로 「주(呪)」라 한다.

여섯째, 「경(經)」이란, 팔식(八識)이 날줄이 되고 양명(陽明)이 씨줄이 되어, 시방삼세 모든 부처님들의 법문을 설명함으로써 선과 악, 정과 염, 미와 오의 기준을 설정해 놓은 것이다.

그러므로 경은 모든 사람들이 마땅히 걸어가야 할 길이라 하여 도(道)라 부르기도 하고 인생의 경로(經路)라 하여 경(經)이라 부르기도 하며, 흑백정사를 가리는 먹줄이라 하여 승묵(繩墨; 먹줄 통에 딸린 먹줄; 법도(法度)나 준칙(準則))이라 번역하기도 한다.

이처럼 이 아홉 글자(佛說天地八陽神呪經)로써 이 경전의 명칭으로 삼은 이유는 무진법문을 다 구족한 까닭이다. 제42분 성도과업분(聖道課業分)에서 "이 경을 한 번만 읽어도 모든 경을 한 번 읽은 것과 같고, 이 경을 한 권만 베껴 써도 모든 경의 일부를 한 번 베껴 쓴 것과 같다"고 하신 것은 이 경 한 권의 말씀이 일체에 다 통하고 있기 때문이다.

③ 《천지팔양신주경》의 역자(譯者) 의정 삼장법사

이 경을 산스크리트(Sanskrit; 범어/梵語)에서 처음 한문으로 번역한 분은 당나라 때의 삼장법사 의정(義淨) 대사님이시다.

그리하여 이 《(불설)천지팔양신주경(佛說天地八陽神呪經)》의 제호에는 당 삼장법사 의정 봉조역(唐 三藏法師 義淨 奉詔譯)이라는 문구가 붙게 되었다.

여기서 봉조역(奉詔譯)이란, 말 그대로 황제의 칙명 또는 조칙(詔勅)을 받들어 번역하였다는 뜻이다.

불교에서는 불교의 진리를 알고 부처님의 경전을 가지고 읽고 외우고 써서 남에게 널리 가르침으로써 불법을 펴는 사람을 법사(法師; Dharma-bhanaka/다르마 바나카)라 한다.

특히 삼장법사(三藏法師; tripitaka-acarya/트리삐타카 아카르야)란, 경장(經藏)·율장(得藏)·논장(論藏)의 3장(Tripitaka), 즉 간단히 경·율·론 3장에 통달한 스님을 높여 부르는 존칭이다. 우리가 익히 알고 있는 위대한 역경승(譯經僧)

南無 義淨 三藏法師!
南無 義淨 三藏法師!
南無 義淨 三藏法師!
(의정 삼장법사님께 경배하오며
백천만번의 절을 올리나이다.)

♣ 의정 삼장법사

구마라습(鳩摩羅什; 쿠마라지바(Kumarajiva), 344~413), 《대당서역기(大唐西域記)》를 저술한 현장법사(玄奘法師, 602~664), 그리고 이외에도 수십 명의 삼장법사들이 있다. 심지어는 오늘날에도 삼장법사 칭호를 받는 경우도 있다.

의정(義淨, 635~713) 대사님의 속성은 장(張)씨, 자(字)는 문명(文明)이다. 제주(齊州, 산동성 제남 일대) 산장(山莊) 태생이라고 한다. 대사께서는 어려서 출가하여 법현(法顯)·현장(玄奘) 등의 인도 순례승들을 사모하여 인도에 유학하기를 희망하다가 27세에 해로로 인도에 갔다.

그는 30여 개 국을 유람하면서 여러 나라 말을 배우고 성지를 두루 순례하다가 당시 최고의 불교대학인 날란다(Nalanda; 那爛陀) 사(寺)에서 20여 년 동안 불교의 깊은 뜻을 연구하였다.

그의 나이 61세 때인 695년(중종 1년), 범본 경·율·론 4백부, 금강좌진용일포(金剛座眞容一舖)·사리 3백과를 가지고 측천무후(則天武后)의 영접을 받으며 낙양에 돌아왔다. 25년만의 귀환이었다. 의정은 칙령에 따라 인도에서 가지고 온 산스크리트 원전의 역경작업에 착수하였다.

그의 나이 71세 때인 705년, 당 황제 중종은 의정을 지극히 예우하여 칙령으로 장안 대천복사(大薦福寺) 내에 전문 역경원을 설립해서 의정의 역경작업을 지원하도록 하였다. 『개원석교록(開元釋敎錄; 개원연간에 당나라의 승려 지승이 저술한 불교경전의 목록. 20권)』에 따르면, 의정은 700년부터 711년까지 11여 년 동안 모두 56부 230권을 번역하였다.

713년(예종 선천(先天) 2년), 삼장께서는 역경원에서 열반에 드셨는데 세수 79세, 법랍 59세였다. 그의 저서 《대당남해기귀내법전(大唐南海寄歸內法傳), 4권》과 《대당서역구법고승전(大唐西域求法高僧傳), 2권》은 세계적 작품이다.

④ 《천지팔양신주경》의 한글 주석자(註釋者) 경화(敬和) 대선사

南無 華潭堂 敬和 大禪師!
南無 華潭堂 敬和 大禪師!
南無 華潭堂 敬和 大禪師!
(화담당 경화 대선사님께 경배하오며
백천만번의 절을 올리나이다.)

♣ 양산 통도사에 봉안되어 있는 화담 경화스님의 진영

천지팔양신주경의 최초 한글 주석자는 조선후기의 화담(華潭) 경화(敬和, 1786~1848) 스님이시다. 경화스님은 자신의 저서 『천지팔양신주경주(天地八陽神呪經註)』에서 경전에 주(註)를 달고 다시 그것을 알기 쉽게 풀이하였다.

경화스님은 그의 서문에서 "《천지팔양신주경》은 시방제불의 골수요, 삼세보살의 명맥이다"라고 밝히고 주석을 달고 판각하여 보시하였다.

그 판각한 목판본이 현재 서울 강남 봉은사의 판전(版殿)에 36매 72판의 완본으로 보관되어 있는데, 서(序)와 발문 역시 경화스님이 적었으며, 간기에는 도광(道光) 19년(1839) 철원 보개산 석대암장판(石臺庵藏板)이라고 되어 있다.

화담 경화스님은 1786년(정조 10년) 밀양 태생으로, 속성은 박(朴)씨다. 스님은 조선 후기 화엄학의 대가로 손꼽히는 대표적 학승으로 전국을 돌며 대중들에게 화엄경을 83차례 강설했다고 전하여지고 있다. 또한 선교겸수(禪敎兼修)뿐만 아니라 계행(戒行)을 철저히 지켜 율사로도 이름이 높았다.

서울 강남구 봉은사의 조실을 지내기도 했던 스님은 만년에 가평 현등사에 주석하시며 후학을 가르치시며 수행에 전념하시다 1848년(헌종 14년) 2월 세수 63세, 법랍 45년을 일기로 입적에 드셨다. 그 해 10월 스님의 부도가 세워졌다.

화담스님의 진영은 양산 통도사, 문경 김룡사, 밀양 표충사, 서울 국립중앙박물관 등에 모셔져 있다.

5 불교계 일각에 떠도는 《천지팔양신주경》의 위경설에 대하여

천지팔양신주경은 대승불교에서 나온 경전 중의 하나로, 도교적 색채가 짙은 어구가 여러 군데 보인다. 이 때문에 과거 불교계 일각에서는 이 경이 위경이 아니냐 하는 논란을 제기하기도 하였다.

불경에는 진경(眞經)과 위경(僞經)이 있다. 진경은 부처님 당시 부처님께서 직접 설하신 것을 중심으로 성립된 것이니 아함경, 방등경, 반야경, 법화경 같은 경전들이 그것이고, 위경은 부처님 이후에 그 사회적 상황과 사람들의 필요에 의하여 만들어진 경전이니 화엄경, 원각경, 능엄경, 그리고 진언밀교를 중심으로 성립된 수백 수천종의 경전들이 이에 속한다.

위경은 인도에서 전래된 것이 아닌, 부처님 설이 아닌 경전들로, 주로 중국에서 만들어진 대승경전들을 일컫는 말이다.

과거 불교계 일각에서 이 경을 부처님께서 직접 설하시지 않은 위경이라고 폄하한 이유를 보면 다음과 같다.

첫째, 천지팔양신주경을 민간에서나 무속에서도 많이 사용한다고 해서 잡신으로 오염된 경전이라고 폄하하는 경우이다. 그러나 사실은 그와 정반대로 천지팔양신주경이 그만큼 강력한 영험이 있는 경전이기에 민간에서나 무속에서나 앞 다투어 가져다 쓸 만큼 영험한 경전이라는 증좌이다.

둘째, 이 경에 일부 도교사상이 수용되었다고 폄하하는 경우이다. 사실은 이렇다. 불교는 원래 공(空)사상을 대표하는 종교인데, 공사상은 도가(道家)의 무위자연(無爲自然) 사상과도 연결된다.

그러나 천지팔양신주경에서의 팔양(八陽)이란 팔식(八識), 즉 아뢰야식(阿賴耶識)을 이치로 하여 양(陽), 곧 변치 않는 대도(大道)와 무위(無爲)의 법(法)을 행한다는 뜻이다.

한편, 도교 용어로서의 팔양(八陽)은 음양론과 팔괘 그리고 동서남북과 네 간방을 합친 여덟 방향을 함축하는 의미로서, 불교에서의 팔양(八陽)과는 이름만 같을 뿐 사실상 전혀 무관한 용어이다.

그러나 대승불교권에서, 특히 도교사상이 뿌리 깊은 중국에서, 천지팔양(天地八陽)의 개념을 불교의 우주관과 철학체계와 개념과 혼용하여 사용함으로써 이 경에 도교적 색채가 있는 것으로 오인되었던 것이다.

물론 천지팔양신주경이 인도에서 중국을 거쳐 이 땅에 전하여지기까지 중생들의 현실적 욕구를 충족시키고 천재지변과 인위공포를 없애고자 하는 소망이 투영되어 주로 민간에서 유·불·선의 종교적 융합 내지는 수용이 있었음을 부인하기는 어려울 것이다.

셋째, 이 경을 석가모니 부처님이 설하신 것이 아닌 위경이라고 폄하하는 경우이다. 그런데 이 경에서의 불설(佛說)이란, 화신불 석가모니 부처님이 아니라, 모든 부처님의 진신(眞身; 육신이 아닌 진리의 모습)인 진리의 부처님으로서 우주의 근본이 되는 만법(萬法; dharma/다르마)의 근본인 비로자나 법신불(法身佛; Vairocana/바이로차나)이 설하신 말씀을 말한다.

만일 이 경이 비로자나 법신불께서 설하신 것일지라도 화신불 석가모니 부처님이 설하신 것이 아니라 하여 위경이라 한다면, 그렇다면 한국에서 만들어져 우리나라 사찰 어디에서나 사용되고 있는 《천수경》도 위경이라 매도하여야 한다는 말인가?

대승경전들의 내용 모두가 화신불 석가모니 부처님의 말씀과 다른 구절은 없다. 이들 모든 경전들이 다 같이 달을 가리키는 손가락으로써 진리를 가리키기 위한 방편에 해당되므로 수천 년 동안 그 생명을 유지해오고 있다.

대승경전들의 내용을 보면 모두가 공통적으로 유위법을 무위법으로 연결하고 유주법을 무주법으로 통하게 하여 악을 그치고 선을 행하게 하며 자성을 깨끗하게 하여 성불작조(成佛作祖; 부처를 이루고 조사가 됨)하게 하는 것이 대승경전의 방편인바, 진경 위경 운운하는 것은 달을 보는 것이 아니라 달을 가리키는 손가락을 두고 운운하는 것이나 다름이 없다.

이 사실을 아는가. 베살리성의 밝은 달은 예나 지금이나, 인도에서나 중국에서나 우리 땅에서나 언제나 같은 밝기로 빛나고 있다.

《천지팔양신주경》은 이처럼 부처님의 진리가 고스란히 담긴 경전으로, 지극 정성스런 신심으로 독송하고 사경해야 함은 두말할 필요가 없을 것이다.

위경이냐 아니냐 하는 분별심으로 눈이 어두워져 부처님의 진리를 보지 못한다면 그보다 더 애석한 일은 없을 것이다. 맑은 눈으로 이 경전의 구절들을 하나하나 음미하면서 지극정성으로 독송 사경하면 반드시 그에 상응하는 크나큰 감응이 있음을 보고하는 영험담이 많다는 사실을 상기하여야 할 것이다.

6 결론

천지팔양신주경은 하늘과 땅의 이치를 한데 모아놓은 경전이며 신통묘용을 얻는 방법을 설명해 놓은 경전이고, 무진장 도력을 마음대로 수용할 수 있는 방법을 제시한 경전인 것이다.

그러므로 역대의 많은 사람들이 이 경을 읽고 병든 사람을 치료하고 오복을 구족하여 성불작조의 인연을 맺게 한 것이니 우리 불제자들 모두는 이 경을 지극정성으로 읽고 외우고 써서 널리 펴야 함이 마땅할 것이다.

더 나아가 온 국민 모두가 보시·지계·인욕·정진·선정·지혜 육바라밀을 생활화하고, 다른 곳이 아닌 바로 우리가 살고 있는 이 사바세계에 자비와 보시 사상이 넘치는 불국토를 건설하기 위해 《천지팔양신주경》을 독송해야 할 것이다.

저자들은 오직 부처님의 자비 광명의 참된 법을 무명과 미혹의 고해에서 허덕이고 있는 중생들에게 널리 전하고자 하는 일념으로, 존경하옵는 선지식들의 가르침을 따라 해설에 임하였다.

또한 천지팔양신주경회 지도법사 운수 청청 고운맘 큰스님께서 이 경에 해설을 더하시어 전식성지(轉識成智) 전미개오(轉迷開悟)의 이치를 깨닫게 하시니 그 크고 깊은 불연(佛緣)에 감사할 뿐이다.

저자들은 이 경의 편집과 해설에 정성을 다 하였으나 혹 부족한 점에 대해서는 즉시 깊이 연구하고 깨우쳐 다음 판에서는 수정하여 한 점의 잘못된 오류도 수정하겠다는 겸허한 수행자의 마음가짐으로 임하였다.

만고벽담공계월(萬古碧潭空界月) 재삼노록시응지(再三攄攎始應知)를 어느 누가 말하리오. 두세 번 건져 본 사람만이 그 뜻을 알리로다.

부처님의 가르침을 찬하고 송하며 이 책을 삼가 삼보 전에 바치나이다.

불기 2564년 7월 음력 5월 22일

法眞(법진) 李進雨

世界佛敎弘法院長 이원일

❋ 개경 (開經)

○정구업진언(淨口業眞言)
말로 지은 죄업을 깨끗이 하는 진언

『수리수리 마하수리 수수리 사바하』(세번)

Sri Sri Mahasri Susri Svaha!

좋은 일이 있으리로다! 좋은 일이 있으리로다!
대단히 좋은 일이 있으리로다!
지극히 좋은 일이 있으리로다! 이루어지게 하소서!

○오방내외 안위제신진언
(五方內外 安慰諸神眞言)
다섯 방위의 안팎[시방]에 두루 계신 모든 신들을 안위하는 진언

『나무 사만다 못다남
옴 도로도로 지미 사바하』(세 번)

Namo samanta budhanam! Aum dhur dhur devi svaha!

널리 두루 계시는 부처님들께
귀의하여 경배합니다!
옴! 법계에 계신 신들이시여!
이루어지게 하소서!

○개경게 (開經偈) 경전을 열어 찬탄하는 게송; 측천무후 지음

무상심심미묘법
無上甚深微妙法

위없이 높고 깊고
미묘한 부처님 법

백천만겁난조우
百千萬劫難遭遇

백천만겁 지나가도
만나기 어려워라

아금문견득수지
我今聞見得受持

제가 이제 듣고 보고
받아 마음에 지니오니

원해여래진실의
願解如來眞實義

여래의 진실한 뜻
깨달아지이다.

○개법장진언 (開法藏眞言) 법장[경전]을 여는 진언

『옴 아라남 아라다』 (세 번)

Aum Aranam aradha 옴! 깊고 깊은 가르침에 경배하옵니다!

 ○ Sri Sri Mahasri Susri Svaha![슈리 슈리 마하슈리 숫수리 쓰와-하-]
* sri: 좋다, 길하다
* mahasri: 크게 좋다; maha「크다, 큰(大)」+sri「좋다, 길상(吉祥)」
* susri: 지극히 좋다, 선재(善哉); su-「지극히, 매우」+sri「좋다」
* svaha: 성취(成就), 원만(圓滿), 이루다, 이루어주소서
○ Namo samanta budhanam! Aum dhur dhur devi svaha!
[나모 사만타 붓다남 옴 드후르 드후르 데위 쓰와-하-]
* samanta: 널리 두루 계시는(omnipresent), 보편(普遍; 遍在)하시는
* buddhanam: 부처님들께; buddha「부처님」+-nam「복수여격어미」
* dhur: 공경스러운 곳(place of honor); 법계; 깨달음의 경지
* devi: 제신(諸神), 모든 신들; 공경(reverence); 여신
○ Aum! Aranam aradha!
* aranam: 깊은 곳, 심연; 경전, 법장(dharma-kosa)
* aradha: 경배하다(pay homage)
※ namo, aum: 뜻과 해설《천수경, 민희식·법진·이원일 편저 p40, 43 참조》

CONTENTS

『옴 아라남 아라다, 옴 아라남 아라다, 옴 아라남 아라다
唵 阿羅南 阿羅多　唵 阿羅南 阿羅多　唵 阿羅南 阿羅多』

천지팔양신주경 (天地八陽神呪經)

🔲🔲 천지팔양신주경 영험록

♣ 천지팔양신주경의 최초 번역자 의정 삼장법사

천지팔양신주경
天地八陽神呪經

당 삼장법사 의정 봉조역
唐 三藏法師 義淨 奉詔譯

第1分 법회인유분(法會因由分)

[1]문여시 　　[2]일시 　불 　재비야달마성 　요확택중 　　[3]시방
聞如是하니　一時에　佛이　在毘耶達摩城　寥廓宅中하사　十方

상수 　　사중 　위요
相隨하고　四衆이　圍繞하였다

♣ 사부대중이 부처님을 위요하고 부처님의 설법을 듣고 있다.

제 1 분 법회가 열린 까닭

¹이와 같이 법문하시는 것을 들었다.

²한 때 부처님께서 비야달마성의 조용한 곳에 계실 적에 ³여러 곳에서 뒤따라 온 사부대중이 부처님을 향하여 둘러앉았다.

【본문해설】

이곳 서분(序分; 서론)에서는 이 경전이 설하여지게 된 때와 장소, 그리고 설법대중 등을 소개한 곳으로, 육성취(六成就; 시성취, 문성취, 시성취, 주성취, 처성취, 중성취; 경전구성의 6하 원칙/六何原則)를 제시하고 있다.

부처님께서 입멸하시기 3개월 전 대중들에게 선언하시기를, "내가 100일 후 쿠시나가르(Kushnagar)의 사라쌍수 하에서 열반에 들 터이니 무엇이든 의심난 점이 있으면 물어 뒤에 후회되는 일이 없도록 하라." 하시자, 그때 아난존자가 "장차 부처님의 말씀을 편집할 때는 어떤 원칙하에 하면 좋겠습니까?" 하니 "이와 같이 나는 들었다. 부처님께서 어느 때, 어떤 장소에서 무슨 말씀을 하셨는데 누구누구와 듣고 그 감흥이 어떠하였다라고 기록하라." 하셨다.

그로 인하여 경전을 편집할 때는 반드시 ①들은 바 법을 앞에 내세우고(如是; 是成就) ②들은 사람의 주장을 내세우고(聞成就) ③일시(一時)를 밝히고(時成就) ④누가(佛) 설법하였는지(主成就) ⑤어느 곳에서(處成就) ⑥누구누구(四衆)가 함께 있는 곳에서 설했다(衆成就)의 6하 원칙을 제시하게 되었다.

그런데 여기서는 들은 사람이 대부분의 경전에서처럼 아난존자가 아니며, 청자 무애보살이 1인칭대명사로 명시되지 않았기 때문에 「내가 들었다(我聞)」라는 말을 쓰지 않고 그냥 「들었다(聞)」로만 적고 있다.

【용어해설】

○비야달마성: 비야리(毘耶離: Vaisali/베살리; 바이샬리) 성중의 다르마(dharma)라는 구역의 이름.

○요화택중: 넓고 큰 집을 말한다. 대자비가(大慈悲家)로 번역하기도 한다.

○사부대중: 불교교단구성의 4대 단체, 즉 비구(bhikkhu; 걸사/乞士)·비구니(bhikkhuni; 걸사녀/乞士女)·우바새(upasaka;청신사/淸信士)·우바이(upasika; 청신녀/淸信女)를 말한다. 비구·비구니는 출가걸사중(出家乞士衆), 우바새·우바이는 재가보시중(在家布施衆)이라고도 한다.

第2分 무애청법분(無碍請法分)

[1]이시　무애보살　재대중중　즉종좌기　합장향불
爾時에　無碍菩薩이　在大衆中하사　卽從座起하여　合掌向佛하고

이백불언　[2]세존　차염부제중생　체대상생　무시
而白佛言하사대　世尊이시여　此閻浮提衆生이　遞代相生하여　無始

이래　상속부단　[3]유식자소　무지자다　염불자소
已來로　相續不斷하되　有識者少하고　無智者多하며　念佛者少하고

구신자다　지계자소　파계자다　[4]정진자소　해태
求神者多하며　持戒者少하고　破戒者多하며　精進者少하고　懈怠

자다　지혜자소　우치자다　장수자소　단명자다
者多하며　智慧者少하고　愚癡者多하며　長壽者少하고　短命者多하며

[5]선정자소　산란자다　부귀자소　빈천자다　온유
禪定者少하고　散亂者多하며　富貴者少하고　貧賤者多하며　溫柔

자소　강강자다　[6]흥성자소　경독자다　정직자소
者少하고　剛强者多하며　興盛者少하고　悍獨者多하며　正直者少하고

24

제2분 무애보살이 법을 청하다

¹그때 대중 가운데 있던 무애보살이 자리에서 일어나 부처님께 합장하고 사뢰었다.

²"세존이시여 이 염부제의 중생들이 대를 이어가며 살아가기를 옛적부터 지금까지 끊이지 아니하였으나 ³유식한 사람은 적고 무식한 사람은 많으며, 염불하는 사람은 적고 잡신에게 구하는 사람은 많으며, 계행을 지키는 사람은 적고 계행 어기는 사람은 많으며, ⁴꾸준히 정진하는 사람은 적고 게으른 사람은 많으며, 지혜 있는 사람은 적고 어리석은 사람은 많으며, 장수하는 사람은 적고 단명한 사람은 많으며, ⁵선정을 닦는 사람은 적고 마음이 산란한 사람은 많으며, 부귀한 사람은 적고 빈천한 사람은 많으며, 온유한 사람은 적고 억센 사람은 많으며, ⁶흥성하는 사람은 적고 외로운 사람은 많으며, 정직한 사람은 적고

🕯️ 【본문해설】

이 경의 정종분(正宗分; 본론)이 시작되는 이 분에서는 무애보살이 말세에 나타나는 열네 가지 상대적 개념들과 그 원인에 대한 해결책을 부처님께 여쭙고 있다.

곡첨자다　　　청신자소　　　탐탁자다　　　⁶보시자소　　　간인
曲諂者多_{하며}　淸愼者小_{하고}　貪濁者多_{하며}　布施者少_{하며}　慳悋

자다　　　신실자소　　　허망자다　　　치사세속　　　천박
者多_{하며}　信實者少_{하고}　虛妄者多_{하여}　致使世俗_{으로}　淺薄_{하여}

⁷관법　도독　　부역　번중　　백성　궁고　　소구난득
官法_이　荼毒_{하며}　賦役_이　煩重_{하고}　百姓_이　窮苦_{하여}　所求難得_은

⁹양유신사도견　　획여시고　　¹⁰유원세존　　위제사견중생
良由信邪倒見_{하여}　獲如是苦_{일세}　唯願世尊_은　爲諸邪見衆生_{하사}

설기정견지법　　　영득오해　　　면어중고
說其正見之法_{하사}　令得悟解_{하여}　免於衆苦_케　_{하소서}

【용어해설】
○무애보살: 중생을 위한 연민이 한량없는 보살. 무애(無碍)보살은 장애가 없다는 뜻이 아니라, 자비희
　사(慈悲喜捨)의 4무량심(보살이 가지는 네 가지 자비심)을 성취하였으므로 무애보살이라 부른다.
○합장: 시각(始覺)·본각(本覺)을 합하여 마침내 구경각(究竟覺)을 형성할 것을 다짐하는 표시이니 지극
　히 우러르며 높이는 마음을 두 손을 모아 표시하는 예법이다.
○사뢰다: 웃어른에게 말씀을 올리다(←말씀 사(詞))

아첨하는 사람이 많으며, 청렴하고 삼가는 사람은 적고 탐내고 흐릿한 사람이 많으며, [6]보시하는 사람은 적고 인색한 사람이 많으며, 신실한 사람은 적고 허망한 사람이 많으며, 세속은 날로 천박해지고 [7]나라의 법은 혹독하고 부역이 심하여 백성은 궁핍하고 어려워서 구하는 바를 얻기 어려우니

[8]이는 삿된 믿음과 그릇된 소견 탓으로 이와 같은 고통을 겪는 듯 하오니, [9]바라옵건대 세존께서 이 사견이 잘못된 중생들을 위하여 올바른 법문을 설하시어 깨달음을 얻게 함으로써 모든 고통에서 벗어나게 하여 주시옵소서."

♣ 무애보살이 법을 청하다

○세존: 부처님의 공덕을 기리고 위대함을 나타내는 10가지 존호인 여래십호(如來十號)의 하나

≪법화경과 신약성서, pp278-279에서 발췌한 일부≫

①여래(如來): 부처님은 진여(眞如)로부터 오신 분

②(應供): 진여의 도리에 응하여 여러 중생들의 공양을 받을만한 자격이 있는 분

③정변지(正編知): 바로 모든 것을 두루두루 잘 아시는 분

④명행족(明行足): 행이 맑고 깨끗하여 만족스러운 분

⑤선서(善逝): 잘 오셨다 잘 가신 분

⑥세간해(世間解): 세간일을 잘 이해하신 분

⑦무상사(無上士): 모든 것을 스승삼아 공부하며 스승 없는 스승이 되신 분

⑧조어장부(調御大夫): 중생들을 잘 조정하는 장부; 대장부

⑨천인사(天人師): 인천의 스승이 되신 분

⑩불(佛)·세존(世尊): 불(佛)은 깨달음을 이루신 부처님이며, 세존(世尊)은 깨달음을 얻으시어 세상에서 가장 존경할만한 분이라는 뜻이다. 그러므로 세존(世尊)은 여래10호를 통칭한 최고의 존호이다.

○염부제(閻浮提): 인도의 베다(Veda) 성전에서 수미산 남쪽에 있다는 대륙으로, 인도를 이르기도 함. 우리 인간들이 사는 곳이 여기에 속함. 남섬부주(南贍部洲)라고도 함. 염부제 또는 섬부주는 산스크리트 Jambudvipapa의 음역(jambu: 나무 이름+dvīpa는 주/洲)으로, 여기에는 잠부(jambu) 나무가 많다고 하여 붙여진 이름이다. 여러 부처가 나타나는 곳은 4주(四洲) 가운데 이곳뿐이라 함.

♣ 삼천대천세계(三千大千世界; Trisahasramahasahasro locadhatu)

≪법화경과 신약성서, pp367-372에서 발췌한 일부≫

고대 인도인의 세계관에서 전 우주를 삼천대천세계(三千大千世界)라 한다. 베다(Veda)와 소승불교의 논서인 『아비달마구사론(阿毘達磨俱舍論; Abhidharmakosabhasya), 세친(世親; Vasubandhu 저술』에 따르면, 우주는 최하부에 원반형의 풍륜(風輪)·수륜(水輪)·금륜(金輪: 地輪)이 겹쳐서 공륜(空輪; 공중)에 떠 있고, 그 금륜 위에 구산팔해(九山八海)가 있다. 중앙에 높이가 8만 유순(由旬; 약 56만km)이나 되고 황금·은·유리로 된 수미산(須彌山; Sameru pawata; excellent/wonderful Meru)이 있다. 수미산은 7겹의 산맥과 바다와 철위산이 둘러싸고 있다.

수미산과 7산맥 밖의 대해에는 4대륙인 동승신주(東勝神洲; 동불바제/東弗婆提), 서우하주(西牛賀洲; 서구야니/西瞿耶尼), 남섬부주(南贍部洲; 남염부제/南閻浮提<인간이 살고 있는 곳>), 북구로주(北俱蘆洲; 북울단월/北鬱單越)이 있고 그 가장자리를 철위산(鐵圍山; Cakravada)이 둘러싸고 있다.

이 4개 대륙의 명칭을 살펴보면, 반달 모양의 '동승신주(東勝神洲)'에 사는 사람들은 신체와 용모가 빼어나고 각종 질병을 앓지 않는다고 하여 '동승신주(東勝身洲)'라고도 한다.

보름달 모양의 '서우하주(西牛賀洲)'는 본래 '서우화주(西牛貨洲)'라고도 하는데, 이것은 그 지역에서는 소를 화폐로 사용했기 때문에 붙여진 명칭이라고 한다.

'남섬부주(南贍部洲)'라는 명칭은 이 대륙에 많은 '염부(閻浮; jambu)'라는 나무의 이름을 뜻하는 '섬부(贍部)'에서 따 온 것이다. 수레에 얹은 상자처럼 생긴 이 대륙의 모양은 사실상 인도대륙을 상징하는 것이다. 우리가 살고 있는 세계는 남섬부주에 속하는데, 여기에는 천, 인, 아수라, 축생, 아귀, 지옥의 세계가 있고 그들 세계에는 그들에 해당되는 중생들이 각각 살고 있다.

마지막으로 '북구로주(北俱蘆洲)'는 '북구로주(北拘蘆洲)'라고 쓰기도 하는데, 정사각형 모양으로 생긴 이 땅에 사는 사람들은 천 년 동안 장수를 누리고, 다른 지역보다 평등하고 안락한 생활을 한다고 한다.

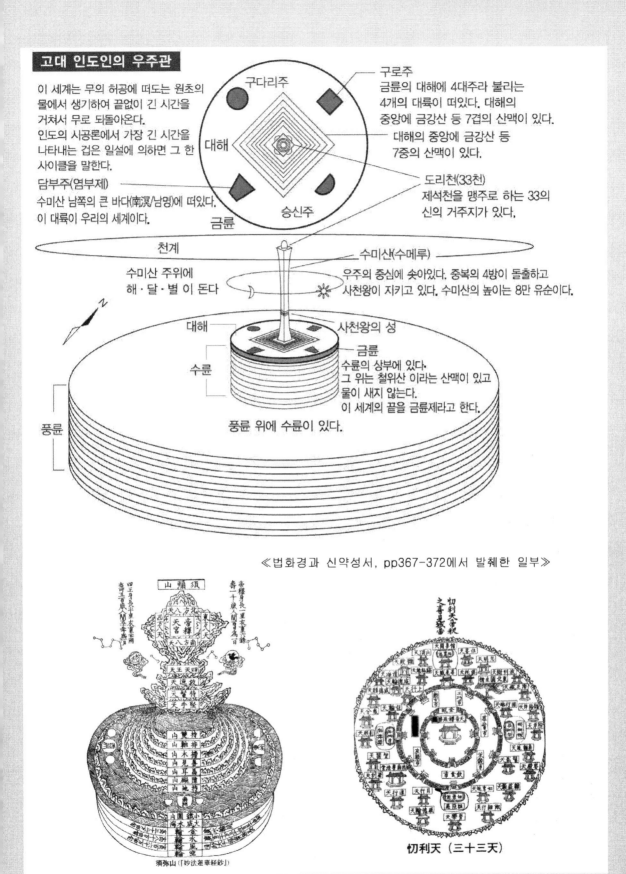

고대 인도인의 우주관

이 세계는 무의 허공에 떠도는 원초의
물에서 생기하여 끝없이 긴 시간을
거쳐서 무로 되돌아온다.
인도의 시공론에서 가장 긴 시간을
나타내는 겁은 일설에 의하면 그 한
사이클을 말한다.

구다리주

구로주
금륜의 대해에 4대주라 불리는
4개의 대륙이 떠있다. 대해의
중앙에 금강산 등 7겹의 산맥이 있다.

대해의 중앙에 금강산 등
7중의 산맥이 있다.

대해

담부주(염부제)
수미산 남쪽의 큰 바다(南溟/남명)에 떠있다.
이 대륙이 우리의 세계이다.

승신주

금륜

도리천(33천)
제석천을 맹주로 하는 33의
신의 거주지가 있다.

천계

수미산(수메루)

수미산 주위에
해·달·별 이 돈다

우주의 중심에 솟아있다. 중복의 4방이 돌출하고
사천왕이 지키고 있다. 수미산의 높이는 8만 유순이다.

대해

사천왕의 성

수륜

금륜
수륜의 상부에 있다.
그 위는 철위산 이라는 산맥이 있고
물이 새지 않는다.
이 세계의 끝을 금륜제라고 한다.

풍륜

풍륜 위에 수륜이 있다.

≪법화경과 신약성서, pp367-372에서 발췌한 일부≫

須弥山(「妙法蓮華経鈔」)

切利天（三十三天）

○무시이래(無始以來): 불교의 관념으로 볼 때, 시간은 원래 없는 것이다. 하나의 공선(空線)을 끊임없이 유전(流轉)하고 있을 뿐이다. 시간의 시작은 인식의 순간에서부터 시작된다. 그러므로 인식 이전의 세계는 무시(無始)이며, 또한 그 무시의 시간은 언제부터 시작되었는지 우리의 생각으로 헤아려 알 수 있는 것이 아니므로 무시(無始)라 한다.

시작도 없고 끝도 없는 무시의 한 가운데 있는 우리의 인생 또한 시작도 없고 끝도 없는 것임을 인식한다면, 우리는 그 시작과 끝으로부터 해탈하여 윤회를 벗어날 수 있게 되는 것이다. 그러나 우리는 언제부터인지 알 수 없는 그 세월 속에서 갖가지 업을 짓고 그 업의 그물 속에서 흥망성쇠와 빈부귀천, 길흉화복을 만들고 희로애락을 겪고 있는 것이다.

서양인들의 시간관념도 불교의 관념과 유사한데, 크로노스(chronos)와 카이로스(Kairos)가 있다. 크로노스는 절대적인 시간이다. 변함없이 흘러가는 절대적인 시간 개념이다. 어떤 힘에 의해서나 환경에 의해서 바꾸어질 수 있는 것이 아니다. 그에 비해 카이로스는 상대적으로 느끼는 순간적 기회, 때, 의식적이고 주관적인 시간을 의미한다.

이탈리아 토리노 박물관에는 제우스의 아들 '카이로스(Kairos)'라는 기회의 신의 조각이 있다.

앞머리는 머리카락이 풍성하나 뒤통수는 대머리이고 양팔에 커다란 날개가 달려있을 뿐 아니라 다리에도 터보 날개까지 달려있는 모습이다.

이 조각품 아래에는 다음과 같은 글이 쓰여 있다. "기회란 놈은 앞에서 다가올 때 잡으면 앞머리에 머리카락이 풍성하여 쉽게 잡을 수 있지만 기회가 지나가고 난 후 뒤에서 잡으려면 대머리이기에 잡히지 않는다. 양팔의 커다란 날개도 모자라 다리에 터보날개가 달린 것은 신속히 사라지기 위함이다." 기회를 잘 묘사한 말이다.

○상속부단(相續不斷): 중생들은 그들 자신이 독립적으로 혹은 공동으로 지은 인과 연의 업보 속에서 생활을 거듭해가고 있다. 말하자면 육체적으로는 생로병사(生老病死)를, 정신적으로는 생주이멸(生住異滅)을, 세계적으로는 성주괴공(成住壞空)을, 학문적으로는 스승과 제자가 계승하고, 혈맥으로는 부모와 자손이 계승하여 끊임없이 윤회를 거듭하고 있다.

○유식자: 지식과 상식에 능통한 세속의 학자뿐만 아니라 바르게 인과를 믿고 살고자 노력하는 사람이다. 한편 무지자는 인과를 믿지 않고 지식과 상식에 의해 꾀로서만 세상을 살아가는 사람이다.

○염불자: 부처님을 생각하고 사는 사람이니 행주좌와 어묵동정(行住坐臥 語默動靜; 걷고, 머물고, 앉아 있거나 누워있을 때, 그리고 말하고, 침묵하고, 움직이거나 가만히 있을 때, 즉 일상생활의 모든 순간 순간을 말하는 것으로, 이 모든 것이 선(禪)이 아닌 것 없다, 생활 속에서 최선을 다하는 것이 선이라는 뜻으로 말할 때 사용한다)에 항상 자성을 반조하고 사는 사람이다. 한편 구신자, 즉 신을 찾는 자는 허망한 생각으로 복을 구하는 자이다. 세상의 잘잘못이 하늘과 땅에 있고 조상과 묘나 집에 있다고 생각하여 불성을 깨닫지 못하여 제 마음을 고칠 생각은 하지 않고 귀신에게 의지하는 자이다.

○지계자: 부처님께서 개인의 이익과 대 중의 이익을 위해 여러 가지 계율(비구 250계, 비구니 348계, 사미 10계, 보살 10중 대계와 48경계 등)을 제정하였는데 그것을 지켜 자리이타에 충만한 생활을 하는 사람을 말한다. 계를 어겨 나와 남에게 피해를 주는 자를 파계자라 한다. 계는 지악수선(止惡修善)이라 마음이 청정하여 그름이 없으면 자성의 계를 잘 지키는 것이 되고 마음이 혼들려 어리석음에 빠지면 파계자가 된다.

○정진자: 걸음걸음마다 그른 곳에 나아가지 않고 꾸준히 노력해 가는 사람이고, 해태자는 춥다, 덥다, 바쁘다 등 각종 핑계로 노력하기를 게을리 하는 자이다. 항상 참된 깨달음 속에서 보은의 생활을 해나아가는 사람이 정진자이고 항상 불만 속에서 자포자기한 마음을 가지고 사는 자가 해태자다.

○지혜자: 자기를 돌아보며 살 줄 아는 사람이고, 우치자는 자신을 돌아보지 못하고 세속의 삶에만 매달려 인생을 살아가는 사람이다.

○장수자는 오래 사는 사람이니 무량수(無量壽)의 정신적 생명관을 가지고 살아가는 사람이고, 단명자는 명이 짧은 사람이니 육체적 생명관을 가지고 살아가는 사람이다.

○선정자는 지관정려(止觀靜慮)로서 마음에 안정을 얻은 사람이고, 산란자는 번뇌 망상으로 정신이 흐린 사람이다.

○부귀자는 7보 재물에 수부귀다 자손하면서 만 가지 덕을 구족한 사람이고, 빈천자는 의식주도 제대로 하지 못하면서도 박복하게 마음을 쓰는 자다.

○온유자는 여래 유인(柔忍)의 옷을 입고 인욕정진을 잘하는 사람이고, 강강자는 탐진치 3독에 5견(身見, 邊見, 邪見, 見取見 戒禁取見)이 치성한 사람이다.

○흥성자는 자손이 흥성하고 재물이 풍족하며 지식과 명예가 넉넉한 사람이고, 경독자는 빈천 고독하되 보살심을 일으키지 못하는 자이다.

○정직자는 8정도로서 생활의 지표를 삼 고 살아가는 사람이고, 첨곡자는 남을 속이고 업신여기며, 잘못이 있어도 부끄러워할 줄도 모르며 힘 있는 사람에겐 아부하고 힘없는 사람에게 박대하는 사람이다.

○청신자는 이 몸이 공한 도리를 믿고 5계와 10선으로 사회도덕을 밝히고 4제 12인연 6바라밀 등을 믿고 따라 이심전심의 도리를 체득한 사람이고, 탐탁자는 자성을 불신하고 인과를 믿지 않아 그 견해와 생각이 흐려진 사람이다.

○보시자는 물질적이건 정신적이건 사회와 중생을 위하여 베푸는 사람이고, 간린자는 남의 것을 헤프게 생각하고, 자기 것엔 인색하고 아끼는 사람이다.

○신실자는 4제 12인연법을 믿고 한량없는 마음으로 6도 만행을 실천하는 사람이고, 허망자는 열반, 보리의 대각법을 믿지 않고 돈과 사랑과 명예만을 쫓아 그 노예생활을 하는 자이다.

그러므로 유식자·염불자·지계자·정진자·지혜자·장수자·선정자·부귀자·온유자·흥성자·정직자·청신자·보시자·신실자는 모두가 인과를 믿고 인연을 소중이 여기며 마음을 넓고 크고 원만하게 쓴 과보로 생을 받은 사람이고, 한편 무지자·구신자·파계자·해태자·우치자·단명자·산란자·빈천자·강강자·경독자·곡첨자·탐탁자·간린자·허망자는 인과를 불신하고 인연을 소중히 여기지 않으며 마음을 악하게 굽게 되는 대로 쓴 과보로 살아가는 사람이니, 이 모두가 생각의 정사(正,邪)와 미오(迷,悟)의 차이에서 연유된 것이다.

삿되고 어리석은 중생이 많은 세상은 그들의 생각이 천박하고 포악하기 때문에 그를 다스리는 법 또한 독하게 되고 부역을 무겁게 하여 백성의 고통이 극심하게 된다. 그런 사회를 아귀다툼의 사회, 고난의 사회, 일만하고 돈만 벌고 먹고 놀 줄만 알되 공부하고 도를 닦아 깨달을 줄 모르므로 축생사회라 부르게 되는 것이다.

第3分 여래찬허분(如來讚許分)

¹불언 선재선재 ²무애보살   여래자비   위제사견중생
佛言 善哉善哉라 無碍菩薩이여 汝大慈悲로 爲諸邪見衆生하여

문어여래정견지법   불가사의   ³여등   제청   선사념지
問於如來正見之法의 不可思議하니 汝等은 諦聽하고 善思念之하라

⁴오당위여   분별해설천지팔양지경   ⁵차경   과거제불
吾當爲汝하여 分別解說天地八陽之經하리라   此經은 過去諸佛이

이설   미래제불 당설   현재제불   금설
已說하시고 未來諸佛이 當說하시며 現在諸佛이 今說하시니라

🕯️【용어해설】

○선재선재(善哉 善哉): 좋다, 좋구나! 의 뜻. 착할 선, 어조사 재. 좋다는 말인 선재를 두 번 반복함으로써 좋음을 강조하는 말. 또한 착한 사람에 대한 칭찬사. 무애보살이 중생들을 위하여 어질고 착한 마음으로 정사(正邪)의 법을 물으니 부처님께서 그를 크게 칭찬하여 '선재선재'라 찬탄한 것이다.

○대자비심: 크게 사랑하고 어여삐 여기는 마음이다. 부모가 자식을 사랑하듯 불보살은 항상 중생을 위해 대자비심을 발한다. 그러나 그것은 감정에서가 아니라 법희선열(法喜禪悅)로서 고통을 없애주고 열반의 즐거움을 주기 위해서이다.

○사견중생: 우주법칙의 근본을 깨닫지 못하므로 인과를 믿지 않으며 감정과 지식 상식만을 믿고 살기 때문에 끝없이 업을 지으며 생사에 유전하는 어리석은 무리들이다.

 여래께서 칭찬하시며 경 해설을 허락하시다

¹부처님께서 말씀하셨다.

"좋도다, 좋도다! ²무애보살이여! 그대가 큰 자비심으로 소견이 잘못된 중생들을 위하여 불가사의한 여래의 바른 법을 물으니 ³그대들은 자세히 듣고 깊이 생각하라.

⁴내 마땅히 그대들을 위하여 천지팔양경을 해설하리라.

⁵이 경은 과거의 부처님들께서 이미 말씀하셨으며, 미래의 부처님들께서도 마땅히 말씀하실 것이요, 현재 계신 부처님들께서도 말씀하시느니라.

○정견법: 무애보살의 물음을 기준으로 한다면, 유식자, 염불자, 지계자, 정진자, 지혜자 등은 정견, 즉 바른 법에 의하여 사는 사람들이며, 무지자, 구신자, 파계자 등은 사견법에 의하여 사는 자들이다.

○불가사의: 생각으로 헤아릴 수 없이 깊고 묘한 마음을 말한다. 염(染)에 있어도 물들지 않고 악(惡)에 있어도 악하지 않는 그러한 마음, 이것이 곧 불심이다. 주역에서는 이것을 제민일용이부지(諸民日用而不知; 백성들이 날마다 쓰면서도 알지 못하는 것)라 하였다.

○선사념지: 자세히 듣고 생각하라고 한 것은 설법에 대한 주의(注意)를 환기시킨 것이니 진실로 법을 귀하게 알고 소중하게 생각하라는 뜻이다.

○삼세제불의 공설법문(共說法門): 부처님은 석존뿐만이 아니라 과거·현재·미래에도 무수한 부처님들이 계시고 또 공간적으로 동·서·남·북·중앙·상하 등 시방세계에도 무수한 부처님들이 계신다. 그런데 그 모든 부처님들이 한결같이 악을 그치고 선을 행하며 사(邪)를 막고 정(正)을 가르친 분들이다. 따라서 이 경전은 지악수선(正惡隨善)의 경전이고, 전사위정(轉邪爲正)의 경전이므로 3세제불이 똑같이 설한 경전이라 한 것이다.

옛사람이 이르기를 "나에게 한 경전이 있으니 종이와 먹으로 만든 것이 아니다. 한 글자도 전개하지 않으나 항상 대광명을 놓고 있다" 하였는데 바로 이 경은 상주불멸(常住不滅)의 심경(心經)이요, 무형무체(無形無體)의 법경(法經)이며 능소능대(能小能大)한 승경(僧經)이므로 과거 장엄겁전의 천불도 이 경을 설하고, 현재 현겁천불도 이 경을 설하고, 미래 성숙겁 부처님들도 이 경을 설하리라는 것이다.

第4分 최승최상분(最勝最上分)

[1]부천지지간 위인 최승최상 귀어일체만물 [2]인자
夫天地之間에 爲人이 最勝最上하여 貴於一切萬物하나니 人者는

정야 진야 심무허망 신행정진 [3]좌별위정
正也이며 眞也이라 心無虛妄하여 身行正眞이니라 左ノ爲正이요

우불위진 상행정진 고명위인 [4]시지 [5]인능홍도
右ㄴ爲眞이라 常行正眞할새 故名爲人이니 是知하라 人能弘道

도이윤신 의도의인 개성성도
道以潤身하나니 依道依人하면 皆成聖道하리라

제14분 사람은 참될 때 가장 뛰어나고 귀하다

[1]하늘과 땅 사이에는 사람이 가장 뛰어나므로 모든 만물 가운데서 귀중한 것이니, [2]사람은 바르고 참되어야 하며 마음에는 허망함이 없어야 하고 몸은 참된 일을 행해야 되느니라.

[3](사람 인(人)자의) 왼편으로 삐친 획(丿)은 바르다는 뜻이요. 오른편으로 삐친 획(乀)은 참되다는 뜻이니 항상 바르고 참된 일만을 행함으로 사람이라 이름 하느니라.

[4]그러므로 알지니라. [5]사람은 능히 도를 넓히고 도는 몸을 윤택케 하는 것이니 도를 의지하고 사람을 의지하면 모두 성인의 도를 이루느니라.

🕯️【본문해설】

사람은 중생의 으뜸으로서 두 눈과 두 귀, 두 코를 가지고 머리를 하늘로 쳐들고 다니되 두 손을 쓸 줄 아는 뛰어남이 있다. 무엇보다도 인간은 성불작조(成佛作祖)하여 천하 만물을 주도하므로 가장 귀한 존재라 하는 것이다.

【용어해설】

○일체만물(一切萬物): 사람을 제외한 모든 생물과 무생물 전체를 가리킨다. 이 만물은 서로가 서로의 위치를 알지 못하고 단지 생사에 유전할 뿐 깨닫지 못한다.

○좌별위정 우불위진(左丿爲正 右乀爲眞): 사람 인(人)자의 좌우의 별(丿)과 불(乀)은 원래 음양의 배합과 상하 전후의 조화를 상징하여 만든 글자라 한다. 그런데 여기서는 그들이 서로 조화하여 신행정진(身行正眞)하는 존재, 곧 참된 행위를 해야 하는 존재이므로 사람 인(人)자의 좌우의 별(丿)과 불(乀)을 바를 정(正)자와 참 진(眞)자로 풀이한 것이다.

第5分 고해원인분(苦海原因分)

¹부차 무애보살   ²일체중생   기득인신   불능수복
復次 無碍菩薩이여   一切衆生이   旣得人身하여   不能修福하고

배진향위   조종종악업   ³명장욕종   침륜고해
背眞向僞하여   造種種惡業함으로써   命將欲終에는   沈淪苦海하여

수종종죄
受種種罪하나니

♣ 지장보살이 왕생자들을 태우고 고해를 건너 피안(彼岸)의 극락정토로 건너가고 있다.
　　제천 신륵사 반야용선도

제15분 고해에 빠지는 원인을 설하시다

[1]또 무애보살이여, [2]모든 중생이 이미 사람의 몸을 얻었으나 능히 복을 닦지 않고 참된 것을 등지고 거짓을 향하여 여러 가지 악업을 지음으로써 [3]장차 생명이 다할 때는 고해에 빠져 여러 가지 죄보를 받게 되느니라.

🕯.【본문해설】

이 세상의 고난과 고통은 다른 데서 오는 것이 아니라 우리들 마음속의 탐·진·치 3독과 거만한 마음, 의심하는 마음과 신견, 변견, 사견, 견취견, 계금취견 등 10사번뇌가 기본이 되어 나타나는 것이니, 생각 생각에 보리심을 일으켜 생각 속에서 즉시 깨달음을 증득하여야 한다.

【용어해설】

○일체중생(一切衆生): 유정, 무정의 모든 중생을 말한다. 경에서는 「55위(位), 7취(趣), 9류(類)의 중생이 있다」 하고 「초목총림과 준동함령이 모두 중생이요, 이 몸 안에도 8만4천 중생이 있다」 하였다.

○기득인신(旣得人身): 「이미 사람의 몸을 얻었으나」의 「사람의 몸」은 지·수·화·풍의 4대 색신이다.

○복(福): 부처님 가르침에서의 복은 보시·지계·인욕·정진·선정·반야의 6바라밀로 얻은 항상 청정한 덕을 말하는데, 세속사람들은 수·부·귀·다자손·식·색 등의 복을 가장 큰 복으로 여긴다.

○배진향위(背眞向僞): 진실을 등진다고 한 것은 법화·화엄의 법계무진심과 제법실상을 등지는 것이고, 거짓을 향한다는 것은 외도사배(外道邪輩)들이 50종 마사(魔邪)에 나아가는 것을 말한다.

○악업(惡業): 살·도·음·망 등의 10종 악업과 7차죄(遮罪) 5역죄(逆罪) 등을 말한다. 부모에게 불효함은 물론 악업이며 진심(瞋心)을 일으켜 화내는 것도 주위를 불쾌하게 하는 일이므로 이 또한 악업이다.

第6分 차경공덕분(此經功德分)

[1]약문차경　　신심불역　　즉득해탈제죄지난　　　출어고해
若聞此經하고　信心不逆하면　即得解脫諸罪之難하여　出於苦海하며

[2]선신　　　가호　　　무제장애　　　연년익수　　　이무횡요
善神이　加護하여　無諸障礙하고　延年益壽하여　而無橫夭하나니

[3]이신력고　　획여시복　　[4]하황유인　　진능서사　　　수지
以信力故로　獲如是福이어늘　何況有人이　盡能書寫하고　受持

독송　　　여법수행　[5]기공덕　　불가칭불가량　　무유변제
讀誦하며　如法修行하면　其功德은　不可稱不可量하며　無有邊際하여

[6]명종지후　　병득성불
命終之後에　並得成佛하리라

제16분 이 경의 공덕을 밝히시다

[1]만약 이 경을 듣고 믿는 마음으로 거역하지 아니하면 즉시 모든 죄업에서 벗어나 고해에서 벗어나게 되리라.

[2]또한 선신의 보호를 받아 모든 장애가 없어지고 수명이 연장되어 오래 살고 횡액이나 일찍 죽는 일이 없어질 것이니라.

[3]믿는 힘만으로도 이와 같은 복을 받게 되거늘 [4]하물며 어떤 사람이 이 경을 전부 쓰거나 받아 지니거나 읽고 외우고 부처님의 가르침에 맞게 수행한다면 [5]그 공덕은 이루 말할 수 없고 헤아릴 수 없고 한이 없어서 [6]목숨을 마친 뒤에는 모두 부처를 이루게 되느니라."

【본문해설】

이곳은 신심불역의 공덕(信心不逆之功德)과 서사독송의 공덕(書寫讀誦之功德), 즉 이 경을 믿고 서사, 수지, 독송, 수행하는 공덕을 밝힌 곳이다.

【용어해설】

○횡요(橫夭): 횡액(橫厄)과 요사(夭死)를 말한다. 넘어지거나 다치거나 하여 신체적 장애와 정신적으로 고난을 당하는 것을 횡이라 하고 그로 인해 제명을 살지 못하고 비명횡사하는 것을 요라 한다.

○여법수행(如法修行): 법(法)과 이치에 합당하게 수행하는 것, 즉 여래의 가르침에 맞게 수행하는 것을 말한다.

○명종지후 병득성불(命終之後 並得成佛): 「명을 마친 뒤에 성불한다」 한 것은 이 몸이 수명을 다한 뒤에 성불한다는 말이 아니라 생사심이 끊어지면 즉시 성불한다는 말이다. 성불이란, 인격완성이고 만덕구족이며 만덕진상(萬德眞常)이다. 불(佛)이란 출세대장부이며 깨달음을 일깨우고 촉진하는 선구자이다. 세간에는 건강, 부귀, 사랑, 자손, 식복 등의 복이 있으나 그보다 위에는 성불의 복이 있다. 어떤 경우에도 흐트러짐이 없는 한결같은 참마음이 곁들어진 성불의 복을 출세대장부의 복이라 한다.

第7分 소재길상분(消災吉祥分)

¹불고무애보살마하살   ²약유중생   신사도견   ³즉피사
佛告無得菩薩摩訶薩하사대 若有衆生이 信邪倒見하면 即被邪

마외도   이매망량   조명백괴   제악귀신   경래뇌란
魔外道와 魑魅魍魎과 鳥鳴百怪와 諸惡鬼神이 競來惱亂하여

⁴여기횡병   악종악두악오   수기통고   무유휴식
與其橫病하되 惡腫惡痘惡忤로 受其痛苦하여 有有休息이라도

⁵우선지식   위독차경삼편   ⁶시제악귀   개실소멸
遇善知識하여 爲讀此經三遍하면 是諸惡鬼가 皆悉消滅하여

병즉제유   신강역족   ⁷독경공덕   획여시복
病則除愈하여 身强力足하나니 讀經功德으로 獲如是福하나니라

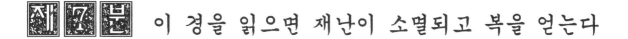# 제7분 이 경을 읽으면 재난이 소멸되고 복을 얻는다

[1]부처님께서 무애보살에게 이르시되,

"[2]만약 어떤 중생이 사도를 믿어 소견이 잘못되면 [3]곧 삿된 마귀와 외도와 도깨비나 괴상한 새 울음소리와 수많은 괴물과 온갖 악한 귀신들이 다투어 쫓아와서 정신 산란하게 할 것이며, [4]나쁜 종기나 역질과 같은 여러 가지 돌연한 병을 주어 고통을 받아 쉴 수가 없게 될 것이니라.

[5]그러할지라도 만일 선지식을 만나서 이 경을 세 번만 읽어 주면 [6]그러한 모든 악귀들은 다 소멸되고 병이 곧 나아 몸이 건강해져 힘이 솟을 것이니 [7]이 경을 읽은 공덕으로 이와 같은 복을 얻게 되느니라.

○신사도견(信邪倒見): 외도의 62견을 믿어 생각이 잘못되는 것이다. 사(邪)란 불신인과(不信因果)이다. 인과를 믿지 않으므로 모든 것을 신의 섭리나 자연에 맡기어 생각이 잘못되는 것이다. 한 생각이 바르면 부처님의 세계가 나타나고 한 생각이 잘못되면 마군의 세계가 나타난다.

○이매망량(魑魅魍魎): 정령과 괴물을 칭하는 말이다. 이매는 산 속의 요괴, 망량은 물속의 괴물을 말하는데, 이들이 합쳐져 온갖 도깨비를 지칭하는 하나의 성어(成語)가 되었다. 이매(魑魅)는 사람도 아니고 귀신도 아니고 유명(幽明)도 아닌 정령이고 망량(魍魎)은 물속이나 물가에 사는 괴물이다.

유교에서는 기(氣)가 맺혀 요귀(妖鬼)가 되는데 그 기가 풀이나 나무 돌 같은데 붙어 뭉쳐 활동하는 것을 「이매망량이라 한다」하고, 불교에서는 「본각의 성품이 어두워지면 본명이 캄캄해지므로 이매망량이 된다」하였다.

○조명백괴(鳥鳴百怪): 새들이 운다고 하는 것은 까막까치 같은 새들이 울어 기쁘고 슬픈 일을 달래준다는 말인데 사람의 마음이 경동(輕動)하면 새들도 따라 울게 되어 있다.

○제악귀신(諸惡鬼神): 온갖 악한 귀신들이란 폭악한 원귀들을 말한다.

성호 이익선생은 성호사설(星湖僿說)에서 「귀(鬼)는 기(棄)다. 음기는 영(靈)이고 양기는 신(神)이다. 그것이 가는 것을 신(伸)이라 하고 오는 것을 귀(歸)라 하는 데서 귀신이라는 말이 생겼다」하고 또 「정기가 처음 변하여 음화(陰化)하는 것을 백(魄)이라 하고 음에서 양이 생기는 것을 혼(魂)이라 한다. 그러므로 정령은 백(魄)으로 되어 있고 신명(神明)은 혼(魂)으로 되어 있다. 그래서 정을 음, 신을 양이라 하는 것이다」하였다.

그런데 김시습은 「산에 사는 요물을 소(魈)라 하고 물에 사는 괴물을 역(魊)이라 하며, 계곡에 사는 것을 용망상(龍罔象), 돌·나무에 붙어 있는 것을 기망량(棄網輛), 만물을 해치는 것을 여(勵), 만물을 괴롭히는 것을 마(魔), 만물에 붙어사는 것을 요(妖), 만물을 유혹하는 것을 매(魅)라 하는데, 이들을 총칭하여 귀(鬼)라 한다」하였다.

♣ 이매(魑魅; 소/魈)
　산의 요괴. 얼굴은 사람 모양이고 몸은 짐승 모양으로 네발을 가졌으며 사람을 잘 홀린다.

♣ 망량(魍魎)
　물의 요괴. 물속이나 물가에 사는 도깨비. 정령

♣ 용망상(龍罔象)

　계곡에 사는 요괴, 괴물

♣ 기망량(棄網輛)

　나무에 붙어 사는 요괴, 도깨비

불교에서는 신을 천신과 지신, 귀신 등으로 나누고, 그 성격을 선신과 악신의 두 가지로 나눈다. 선신은 만물을 보호하고 복되게 하는 것이다.

한편, 악신은 만물을 해치고 욕되게 하는 것인데, 대개 이들은 3독심이 많아 원한이 많고 시기, 질투, 집착이 많은 이들이 죽어서 악귀가 된다 하였다.

그러나 그 모든 악귀의 근본은 마음 하나를 잘못 쓰는데서 비롯되므로 경화스님은 「바른 길을 그르쳐 허망 분별하는 마음을 갖는 자가 귀신이 된다」고 하였다.

♣ 악귀란 바로 탐진치를 상징화한 것

○횡병(橫病): 색신의 병이다. 마음에 희로애락(喜怒哀樂)과 증애취사(憎愛取捨)가 많아 오래 계속하면 갖가지 병들을 낳는다 하였다.

○악두(惡痘): 역질, 마마(媽媽: 천연두)

○악오(惡忤): 병(病), 질병(疾病), 정신을 잃고 넘어지며 말을 하지 못하는 것.

○선지식(善知識): 훌륭한 수행지도자. 인천인과의 교훈을 주는 선지식은 성문·연각이고, 자리이타의 길을 가르쳐 주는 선지식은 보살이며, 성불작조(成佛作祖)의 길을 가르쳐 주는 선지식은 부처다.

○위독차경삼편(爲讀此經三遍): 이 경을 세 번 읽도록 한 것은 일사삼사(一事三思), 즉 무슨 일이든지 그 일을 하려할 때는 밝은 마음으로 거듭 세 번 생각해보고 행하라는 말이다. 그러므로 「이 경을 세 번 읽게 되면 이 모든 악귀들이 소멸되고 병이 나아 건강한 몸을 얻게 된다」고 한 것이다.

第8分 오독제멸분(五毒除滅分)

[1]약유중생   다어음욕   진에우치   간탐질투   [2]약견
若有衆生이 多於淫欲하며 瞋恚愚癡하며 慳貪嫉妬라도 若見

차경   신경공양   즉독차경삼편   [3]우치등악   병개
此經하고 信敬供養하며 卽讀此經三遍하면 愚癡等惡이 並皆

제멸   자비희사   득불법분
除滅하며 慈悲喜捨로 得佛法分이니라

🕯。【본문해설】
　이곳 제8분 오독제멸분은 3독, 5독 치료법을 구체적으로 설명한 곳이다. 중생들이 탐욕, 진에, 우치심을 일으키는 것은 무명업(無明業)을 깨닫지 못한데 원인이 있다.
　그런데 이 경을 읽으면 지혜가 툭 터져 심식(心識)이 밝아져서 3독 5악이 저절로 소멸된다. 마치 태양이 나타나면 온갖 눈서리가 다 녹아 없어지는 것과 같다.

제8분 이 경을 읽으면 삼독 오독이 소멸된다

[1]만약 어떤 중생이 음욕과 성냄과 어리석은 생각과 욕심내고 시기하는 마음이 많더라도 [2]이 경을 보고 믿고 공경하고 공양하며 세 번만 읽으면 [3]어리석고 미욱함 등의 악이 모두 없어지고 자비를 베풀게 되므로 부처님 법의 복을 얻게 되느니라.

【용어해설】

○오독(五毒): 탐(貪)·진(瞋)·치(癡) 삼독에 자만(慢), 질투(嫉)를 더한 다섯 가지 장애를 말한다.

삼독(三毒)이란, 불교에서 깨달음에 장애가 되는 근본적인 세 가지의 번뇌로 탐욕(貪慾, lobha)·진에(瞋恚, dosa)·우치(愚癡, moha)를 의미한다. 이 세 가지 번뇌가 중생을 해롭게 하는 것이 마치 독약과도 같다고 하여 삼독이라고 한다.

탐욕은 본능적 욕구를 포함해서 탐내어 구하는 것을 말하고, 진에는 뜻에 맞지 않을 때 일어나는 화냄, 노여움이며, 마지막으로 우치는 탐욕과 진에에 가려 사리분별에 어두운 것을 말한다.

○자비희사(慈悲喜捨): 수행의 한 방법으로 중생에 대하여 일으키는 한량없는 마음이므로 사무량심(四無量心)이라고도 한다. 「자(慈)」는 일체중생을 적자와 같이 사랑하는 마음이고 「비(悲)」는 일체중생을 어여삐 여기는 생각이며 「희(喜)」는 중생이 괴로움을 떠나 즐거움을 얻으면 함께 기뻐하는 마음이고 「사(捨)」는 세상을 위해 몸과 마음을 바치는 마음이다.

○득불법분(得佛法分): 5근 5력 7각 8정도 37조도품을 완성하는 것을 말한다.

第9分 유위공덕분(有爲功德分)

¹부차 무애보살 ²약선남자 선여인 흥유위법 ³선독
復次 無碍菩薩이여 若善男子 善女人이 興有爲法하되 先讀

차경삼편 축장동토 안입가택 남당북당 동서
此經三遍하고 築墻動土하며 安立家宅하되 南堂北堂과 東序

서서 ⁴주사객옥 문호정조 대애고장 육축난혼
西序와 厨舍客屋과 門戶井竈와 碓磑庫藏과 六畜欄溷하면

⁵일유월살 장군태세 황번표미 오토지신 청룡백호
日遊月殺과 將軍太歲와 黃幡豹尾와 五土地神과 靑龍白虎와

주작현무 ⁶육갑금휘 십이제신 토위복룡 일체귀매
朱雀玄武와 六甲禁諱와 十二諸神과 土尉伏龍과 一切鬼魅가

⁷개실은장 원병타방 형소영멸 불감위해 ⁸심대
皆悉隱藏하여 遠迸他方하고 形消影滅하여 不敢爲害하며 甚大

길리 득복무량
吉利하여 得福無量하리라

제19분 이 경을 읽으면 한량없는 복을 얻으리라

¹또한 무애보살이여, ²만일 선남자 선여인이 불법을 위하고 많은 일을 하려할 때 ³먼저 이 경을 세 번 읽고 담장을 쌓거나 터를 다지거나 집을 짓거나 안채나 바깥채나 동쪽 서쪽 행랑이나 ⁴주방과 객실을 고치거나 문을 내고 우물을 파고 아궁이를 고치고 방아를 놓고 곳간을 짓고 육축의 우리를 만들더라도 ⁵일유신과 월살귀와 장군태세와 황번표미와 오방지신과 청룡·백호·주작·현무와 ⁶육갑금휘와 십이제신과 토위복룡과 모든 귀신과 도깨비들이 ⁷다 숨거나 멀리 다른 곳으로 달아나 형상과 그림자까지도 없어지고 감히 해치지 못하므로 ⁸모든 일이 대길해져 한량없는 복을 얻으리라.

♣ 무애보살 마하살

47

○유위공덕(有爲功德): 인연을 따라 변화는 유위공덕은 생자필멸의 원칙에 의해 그 공덕을 다 써버리면 없어지는 것이다. 한편 현상 집착 않는 선행공덕인 무위공덕(無爲功德)은 생멸의 조건을 여읜 것으로 그 공덕이 무량하여 헤아릴 수 없으며 없어지지 않는 것이다. 저 유명한 달마대사와 양무제가 대화를 나눈 일화를 보면 유위공덕과 무위공덕의 차이를 이해하기 쉽다.

○축장동토(築墻動土): 축장은 담장을 쌓기, 동토는 터 닦기를 시작함

인천 인과의 일 가운데서는 흙을 써서 담장을 쌓고 집을 짓는 일이 큰일이다. 집을 짓는 데는 부모님을 모시는 북당과 자식들이 사는 남당과 남녀 하인들이 사는 동서랑, 음식을 만드는 주방과 손님을 맞는 객실, 출입하는 문과 우물, 부엌, 방앗간, 곳간, 육축을 기르는 축사가 으뜸이 된다.

그런데 이러한 일을 할 때는 일유월살과 장군태세 등을 보아 손(損)이 없고 명장지간(命長之間)을 보아 하게 되는데 이 경을 읽고 보면 더욱 분명하게 나타나 나쁜 것은 멀리 도망가고 좋은 것만 있게 되어 한량없는 복덕을 얻게 된다 하였다.

○일유월살(日遊月殺): 전세의 업장으로 태어나면서부터 불구자가 되거나 병이 있게 되는 것을 말하는데, 여기에는 당4주의 12살과 혼인, 장사에 보는 13살이 있다.

12살은 겁살(劫殺), 재살(災殺) 천살(天殺), 지살(地殺), 연살(年殺), 월살(月殺), 망신살(亡身殺), 장성살(將星殺), 반안살(攀鞍殺), 역마살(驛馬殺), 육해살(六害殺), 화개살(華蓋殺)이다. 12년에 한 번씩 이러한 살들이 들어오며, 신살이 모두 나쁜 것은 아니다.

13살은 천살(天殺), 피마살(披麻殺), 홍사살(紅死殺), 수사살(受死殺), 망라살(網羅殺), 천적살(天賊殺), 고초살(枯焦殺), 귀기살(歸忌殺), 왕망살(往亡殺), 십악살(十惡殺), 월염살(月殺), 월살(月殺), 황사살(黃砂殺)이다. 이외에도, 천지가 다 공하게 되는 공망살(空亡殺)이 있으며 날짜 따라 사람을 따라 다니며 괴롭게 하는 태백살(太白殺) 등이 있다.

그러나 다 이것은 근본지와 후득지가 어두워지는데서 생기는 것으로 경화스님은 「根本智 是月殺이요, 後得智卽是日殺也라」 하였다.

　겁살(劫殺): 겁탈, 강탈당한다는 뜻으로 재물이나 흉한 일을 당한다는 살로서 사주팔자에 겁살이 있으면 손재수와 인연에 있어서 이별수가 강한 팔자라는 것으로 겁살운이 오면 조심해야한다.

　재살(災殺): 일명 관재수의 살로서 운이 나쁘면 재난, 질병, 송사, 구속, 은둔, 우울 등이 일어나고 운이 좋으면 권력을 떨치는 살이다.

　천살(天殺): 하늘의 재앙, 천재지변을 의미한다. 천살이 있는 사람은 직관력이 뛰어나다. 또한 자연재해나 하늘이 내리는 재앙, 불시에 일어나는 재난 등을 조심하라는 살이다.

　지살(地殺): 거주지나 직업의 변동이 잦은 살로 역마살과 비슷하게 작용한다. 사주에 지살이 있으면, 일정한 거주지 없이 많이 돌아다니게 되거나 낮과 밤이 바뀐 생활을 살기도 한다.

　년살(年殺): 도화살, 함지살, 모욕살이라고도 한다. 연살이 들면 풍류를 즐기고 색을 밝힌다 한다.

　월살(月殺): 고초살이라고 하여 어려운 일을 겪게 된다.

　망신살(亡身殺): 말 그대로 망신을 당하는 살로써 너무 자신만만하여 경솔한 행동이나 욕심이 화를 불러 패가망신을 한다는 의미를 지니고 있다.

　장성살(將星殺): 기가 왕성하고 문무를 겸비한 재능을 발휘한다는 살로 긍정적인 살인데 이 살이 팔자에 있으면 벼슬을 하고 높은 관직을 이룰 수 있다는 의미의 좋은 살이다. 직장인에게는 유리하게 작용하지만, 장사나 사업하는 사람에게는 불리하게 작용하는 경우가 더 많다. 특히 연지(年支), 월지(月支)에 장성(將星)이 있으면 리더십이 뛰어나 경찰, 군인 등의 직업을 가지면 좋다.

　반안살(攀鞍殺): 말의 안장으로 출세나 승진을 의미한다. 장성살과 반안살이 들어올 때 자만심으로 인해 일을 그르치는 경우가 많다. 하지만 꾸준히 해왔던 일들이 결실을 보는 시기이다.

역마살(驛馬殺): 말을 타고 떠돌아다닌다는 뜻으로, 이 살이 있으면 한 곳에 정착하지 못하고 타향살 이와 해외출입이 빈번하게 된다.

육해살(六害殺): 힘이 다하여 병을 얻는다고 하고 육해살에 해당하는 육친과 인연이 없다는 의미이 다. 쓸데없는 근심과 걱정 등으로 자신의 건강을 해치는 경우가 많다.

화개살(華蓋殺): 교육, 종교, 철학 분야에서 남다른 능력을 발휘하는 두뇌의 총명함과 예술적인 소질 이 뛰어남을 의미한다. 화개살이 있으면 종교심이 있다고 보며 월지(月支)에 화개(華蓋)가 있으 면 고향을 떠나 타지방에서 가정을 꾸려 사는 경우가 많다.

○장군태세(將軍太歲): 장군은 하늘에 있는 별을 말하는데 이 별이 비치는 곳에 위세(威勢), 폭역(暴逆)의 난을 당하므로 피한다. 「태세는 그 해의 6갑(甲)을 말하는데 무슨 해냐에 따라서 장군성이 어느 곳을 비치느냐 하는 점술이 나오므로 한데 붙여 장군태세라 한 것이다. 사람에게도 장군이 있고 하늘에도 있으며 땅에도 있으나 이것은 눈, 귀, 코, 혀, 몸, 뜻이 빛, 소리, 냄새, 맛, 감촉, 법을 잘못 도적질하 는데서 나타나므로 「육적장군(六賊將軍)」이라 하였다.

○황번표미(黃幡豹尾): 하늘에 있는 별을 말한다. 노랑깃대를 가지고 있는 별을 황번이라 하고 호 랑이 꼬리를 상징하는 별을 표미라고 한다.

♣ 황번신과 표미신

○오토지신(五土地神): 동, 서, 남, 북 중앙의 5방신을 말하니 곧 오음신(五陰神)이 그것이다. 색온(色蘊) 은 동방 청룡신이고, 수온(受蘊)은 서방 백호신이며, 상온(想蘊)은 남방 주작신이고, 행온(行遠)은 북방 현무신이고, 식온(識蘊)은 중방 황탁신(黃託神)이다. 그러므로 5방신 다음에 청룡, 백호, 주작, 현무가 나온다. 이는 곧 4방을 수호하는 신들이다.

○육갑금휘(六甲禁諱): 12지(支; 자, 축, 인, 묘, 진, 사, 오, 미, 신, 유, 술, 해)와 10간(干; 갑, 을, 병, 정, 무, 기, 경, 신, 임, 계)을 곱한 것인데, 12지(支)는 시간을 담당하는 신이고 10간(干)은 공간을 담 당하는 신이다. 이들 신들이 연년세세에 각기 자기 자리를 지켜 인류역사를 창조하는데 보조역을 한 다. 그런데 이 신들의 이름을 자기와 맞지 않는다고 함부로 고쳐 부른다거나 업신여기면 벌을 받게 되 므로 「금휘(禁諱)」라 한다.

○12제신(十二諸神)은 자, 축, 인, 묘, 진, 사, 오, 미, 신, 유, 술, 해의 12지신(支神)을 말한다.

○토위복룡(土尉伏龍): 사해천택(四海川澤)에 있는 용을 말하나 촉경(觸境; 감촉)이 일을 만나 거역하게 되면 진심(瞋心)으로 나타나므로 「獨境逢像 事不如意 眞心之龍也」라 하였다.

○일체귀매(一切鬼魅): 행, 주, 좌, 와, 어, 묵, 동, 정 가운데 나타나는 여러 가지 견해를 말한다. 마치 그것은 귀신과 요물이 때도 없이 나타나 일과 이치에 장애를 주는 것과 같기 때문이다. 그러나 이와 같은 무서운 장벽이 있더라도 이 경을 지니고 읽고 외우고 쓰면 생각 생각에 자성을 반조하는 공덕으 로 큰 길리(吉利)를 얻어 한량없는 복덕을 얻게 된다는 것이다. 또 이 공덕은 이 경전을 읽고 외우고, 그 일을 할 때 뿐만 아니라 그 일이 이루어진 뒤에도 영원한 부와 낙을 얻고 소원을 성취하는 공덕을 얻는다고 하였다.

第10分 사후공덕분(事後功德分)

[1]선남자 흥공지후 당사영안 옥택 뇌고 부귀
善男子야 興功之後에는 堂舍永安하고 屋宅이 牢固하며 富貴

길창 불구자득 [2]약욕원행종군 사환흥생 심득
吉昌하여 不求自得하며 若欲遠行從軍커나 仕宦興生하면 甚得

의리 [3]문흥인귀 백자천손 부자자효 남충여정
宜利하여 門興人貴하며 百子千孫으로 父慈子孝하며 男忠女貞하며

[4]형공제순 부처화목 신의독친 소원성취
兄恭弟順하고 夫妻和睦하며 信義篤親하고 所願成就하리라

제10분 이 경의 독송공덕은 대대로 지속되리라

¹선남자야, 역사를 다 한 다음에는 집안이 평안하고 가옥이 견고하며 부귀길창하여 구하지 아니하여도 저절로 얻어지게 되며 ²혹 먼 길을 가거나 군에 입대하거나 벼슬을 하거나 장사를 하여도 매우 편리하게 되고 ³가문이 흥하고 사람이 귀하게 되며 대대로 내려가며 아비는 자애하고 아들은 효도하며 남자는 충성하고 여자는 정숙하며 ⁴형은 우애하고 아우는 공순하며 부부는 화목하고 친척 간에는 신의가 두터워서 바라는 바가 다 이루어질 것이니라.

【용어해설】

○당사(堂舍): 당(堂)과 사(舍). 큰집과 작은집

○뇌고(牢固): (의지나 요새(要塞)와 같은 것이) 깨뜨릴 수 없을 만큼 튼튼하고 굳음

○부귀길창(富貴吉昌): 부(富)는 지족야(知足也)요. 귀(貴)는 청정 정행(正行)으로 공경과 사랑의 대상이 되는 것이며, 길(吉)은 묘길상(妙吉相), 창(昌)은 푸른 하늘과 같이 넓고 높게 탁 터진 것이다. 부귀하고 길상한 것이 높고 멀리 그 영향력을 끼치는 것을 부귀길창이라 한다.

○사환(仕宦): 당상 당하의 각급 벼슬을 말한다. 그러나 이는 고금의 역사와 일과 이치를 통달하여야 아름다운 벼슬아치가 될 수 있으므로 고금통달지사환(古今通達之仕官)이라 하였다.

○흥생(興生): 사업을 일으킴.

○기득의리(甚得宜利): 심히 편이를 얻는다 라는 말은 세간의 이익은 물론, 출세간의 이익도 말한다. 왜냐하면 이 경을 읽어 번뇌 망상을 끊고 진리를 체득하면 남에게도 한량없는 이익이 되기 때문이다.

○문흥인귀(門興人貴): 문인은 집안사람이고, 사제지간이고, 일체중생이다. 모든 중생이 진여의 한 문에서 유랑생사하고 있기 때문이다. 그러니 어찌 자손이 흥귀하고 사제 간 흥귀하지 않겠는가. 만일 천륜을 줄여서 진리를 편다면 그 공덕이야 더 말할 것 없을 것이다.

第11分 면구적난분(免拘賊難分)

¹약유중생 홀피현관구계   도적견만   ²잠독차경삼편
若有衆生이 忽被縣官拘繫하여 盜賊牽挽이라도 暫讀此經三通하면

즉득해탈
則得解脫하리라

第12分 선신보호분(善神保護分)

¹약유선남자 선여인 수지독송   위타인   서사천지팔
若有善男子 善女人이 受持讀誦하고 爲他人하여 書寫天地八

양경자 ²설입수화   불피표분   혹재산택   호랑
陽經者는 設入水火라도 不被漂焚하고 或在山澤이라도 虎狼이

병적   불감박서 ³선신 위호   성무상도
迸跡하여 不敢搏噬하며 善神이 衛護하여 成無上道하리라

제11분 이 경을 읽으면 도적에게서도 풀려난다

¹만약 어떤 중생이 관청에 구금되거나 도적에게 잡혔더라도 ²이 경을 세 번만 읽으면 곧 풀려나게 되느니라.

제12분 이 경을 읽으면 선신이 보호해준다

¹만약 선남자 선여인이 『천지팔양신주경』을 받아서 지니거나 읽고 외우거나 남을 위해서 베낀 사람은 ²물에 빠져도 떠내려 가지 아니하고, 불에 들어가도 타지 아니하며, 산이나 못에 가 더라도 범이나 이리가 달아나 자취를 감추고 감히 덤벼들어 물 지 못하도록 ³선신이 호위해주고 위없는 도를 이루게 하리라.

【본문해설】 이곳은 이 경을 통하여 수화구박(水火拘縛)의 난과 산택악수(山澤惡 獸)의 난을 벗어나는 것을 설명한 곳이다.

【용어해설】
○홀피현관구계(被縣官拘繫): 관에 체포된다는 것은 번뇌 망상의 5욕락에 구박(驅迫)되는 것을 말한다.
○불감박서(不敢搏噬): 감히 덤벼들어 물어뜯지 못하다.
○선신(善神): 104위 신장이니 8금강 4보살 10대명왕 등이나 항상 이 경을 통하여 선심을 일으켜 극념 (克念)의 성지(聖地)를 가지는 것이 선신이다.

第13分 면구화난분(免口禍難分)

[1]약부유인　　다어망어기어　　악구양설　　[2]약능수지독송

若復有人이　多語妄語綺語와　惡口兩舌이라도　若能受持讀誦

차경　[3]영제사과　　득사무애변　　이성불도

此經하면　永除四過하고　得四無碍辯하여　而成佛道하리라

第14分 면지옥난분(免地獄難分)

[1]약선남자 선여인등　부모유죄　　임종지일　　당타지옥

若善男子 善女人等이　父母有罪하여　臨終之日에　當墮地獄하여

수무량고　[2]기자즉위독송차경칠편　　부모즉리지옥

受無量苦라도　其子即爲讀誦此經七遍하면　父母即離地獄하고

이생천상　[3]견불문법　　오무생인　　이성불도

而生天上하여　見佛聞法하고　悟無生忍하여　以成佛道하리라

13분 이 경을 읽으면 입으로 지은 죄를 면하리라

[1]만약 어떤 사람이 망령된 말과 꾸며대는 말과 욕설과 이간하는 말을 많이 할지라도 [2]이 경을 받아 지니거나 읽고 외우면 [3]그 네 가지 허물이 영원히 없어지고 네 가지 무애변을 얻어서 불도를 이룰 것이니라.

14분 이 경을 읽으면 죽은 부모의 죄도 없어진다

[1]만약 선남자 선여인의 부모가 죄를 짓고 죽어서 지옥에 떨어져 많은 고통을 받게 되었더라도 [2]자식이 이 경을 일곱 번만 읽으면 그 부모가 지옥에서 풀려나 천상에 태어날 것이며 [3]부처님 법문을 듣고 무생법인을 깨달아 불도를 이룰 것이니라."

🕯【용어해설】

○다어망어기어(多語妄語綺語): 다어는 말을 많이 하는 것, 망어는 진실치 못한 거짓말을 하는 것으로 오계(五戒)의 하나이며, 기어는 교묘하게 꾸며서 하는 겉과 속이 다른 말로서 십악(十惡)의 하나이다.

○악구양설(惡口兩舌): 악한 말로 욕설하는 것과 일구이언하거나 이간질하여 화합을 파괴하는 말이다.

○사무애변(四無碍辯): 네 가지 걸림 없는 말이니 ①온갖 교법에 통달한 법무애변(法無碍辯), ②온갖 교법의 뜻을 걸림 없이 이해하는 의무애변(義無碍辯), ③여러 가지 말을 잘 알아듣고 대답하는 사무애변(辭無碍辯), ④모든 사람에게 즐겁게 말하는 요설무애변(樂說無碍辯)이 그것이다. 마음이 트여 지혜를 형성하면 말 또한 걸림이 없게 되므로 4화(禍)가 변하여 4변(辯)이 되는 것이다.

○당타지옥(當墮地獄): 부모가 지옥에 떨어지게 되는 것은 탐애의 어머니와 무명의 아버지가 어울려 지옥종자를 형성하는 것이다. 그러나 시각(始覺)의 자녀들이 허만(虛慢)하지 않고 무명을 깨뜨려 갈애(愛水)에 빠지지 않게 되면 즉시 자기 지혜가 나타나 천진한 자성불을 봄으로써 무생법인을 얻는다.

○무생법인(無生法忍): 모든 사물과 현상이 공(空)이므로 생멸의 변화란 본디 없는 것임을 깨달음.

第15分 차경신앙분(此經信仰分)

[1]불고무애보살　　[2]비바시불시　유우바새　우바이　　심불
佛告無得菩薩하사대　毘婆尸佛時에　有優婆塞　優婆夷하여　心不

신사　　경승불법　[3]서사차경　　수지독송　　수작즉작
信邪하고　敬崇佛法하며　書寫此經하여　受持讀誦하되　須作卽作하고

일무소문　이정신고　[4]겸행보시　　평등공양　　득무루신
一無所問하며　以正信故로　蕪行布施하되　平等供養하고　得無漏身으로

성보리도　[5]호왈보광여래응정등각　　겁명　　대만　　국호
成菩提道하니　號曰普光如來應正等覺이라　劫名은　大滿이요　國號는

무변　　[6]단시인민　행보살도　　무소득법
無邊이라　但是人民이　行菩薩道하되　無所得法하니라

15분 이 경을 올바르게 신앙하여 성불하다

[1]부처님께서 무애보살에게 이르시되,

"[2]비바시 부처님 때에 어느 우바새·우바이가 사교를 믿지 않고 불법을 숭상하며 [3]이 경을 베껴서 지니고 읽고 외우며 할 일을 다 하면서 의문을 품지 않고 올바로 믿는 까닭으로 [4]보시를 많이 행하며 고르게 공양하고 정결한 몸을 얻어서 부처를 이루었으니, 그 호를 보광여래응정등각이라 하였고 겁명은 대만이며 세계 이름은 무변세계이며 [6]그 세계 백성들이 다만 보살도를 행하였을 따름이요, 법을 얻었다는 바가 없었느니라.

1 비바시불(毘婆尸佛; Vipasyin Buddha)

과거 장엄겁(莊嚴劫)의 제998번째의 부처님이다.
산스크리트(Sanskrit; 범어/梵語) 비파쓰인(Vipasyin)을 음역하여 비바시불(毘婆尸佛)·유위불(維衛佛)이라 하고, 의역하여 승관불(勝觀佛)·정관불(淨觀佛)이라 한다.

그의 성은 꼰단나(Kondanna; 구루/拘樓)이다. (비바시불·시기불·비사부불, 이 세 부처님의 성은 모두 같은 꼰단나(Kondanna; 구루/拘樓))이다.

그는 인간의 수명이 84,000세일 때 출현하였다. 그는 반두마티성의 크샤트리야(Ksyatria; 찰제리/刹帝利; 무사계급) 왕족출신이며, 부친은 반두마(Bandhuma), 모친은 반두마티(Bandhumati)였다.

화엄경소 제17권에 의하면, 그는 파탈리나무(patali; bigmonia(Eng.)) 아래에서 성불하여 세 번 설법하였는데, 첫 번째 설법에서 16만 8천 명, 두 번째 설법에서 10만 명, 세 번째 설법에서 8만 명을 교화하였다고 한다.

♣ 과거7불 중의 첫 번째 부처님이신 비바시불
《혜능 일대기로 읽는 육조단경, pp206-223, 법진(法眞)·이원일 공저에서 발췌》

○비바시불(毘婆尸佛): 과거7불 가운데 맨 첫번째 부처님이다.

≪혜능 일대기로 읽는 육조단경, pp206-223, 비바시불을 포함한 과거7불-서천28조-동토6조에 이르는 역대전등 불조정맥 도표, 33분의 역대 조사님들의 진영 및 상세한 해설 참조≫

불교 신문 학술 · 문화재

문화 BOOKS	단숨에 재미있게 읽는 소설식 육조단경 **소설처럼 읽히는 새로운 육조단경** '혜능 일대기로 읽는 육조단경'

법진 | 이원일 공저 | 블루리본 펴냄

현재 시중에 나와있는 〈육조단경〉은 어려운 한문과 그 해석 내지는 해설로 돼있다. 그 결과, 일반 불교신자들이나 불교를 알고 싶어하는 일반인들이 접하기에는 어려움이 많으며, 인내심을 갖지 않고서는 딱딱하고 지루함을 극복하고 끝까지 읽기도 쉽지 않다.

이번에 새로 나온 〈혜능 일대기로 읽는 육조단경〉은 6조 혜능대사 일대기를 중심으로 꾸며져 있어, 불교를 전혀 모르는 일반이나 초보자이나 누구나 소설식으로 쉽고 재미있게 단숨에 읽어 내려갈 수 있다. 이 책을 통해 불교와 선불교에 대한 이해의 지평을 넓힐 수 있는 획기적 계기를 맞는다.

이 책은 육조 스님 삶의 족적 하나하나를 쫓아가며 생애와 수행의 단편들을 방대한 생생한 현장답사 사진과 역사자료 및 도해를 곁들여 조명한 것이 특징이다. 그래서 이 책을 읽기만 하면, 육조 혜능 스님이 태어난 광동 신흥현서 출발해 5조 홍인대사에게서 의법을 전수 받은 허베이성 황매 오조사를 거쳐, 다시 남하해 매령, 즉 대유령을 넘어 행화노량 샤오관 보림사를 거쳐 열반노량 국은사까지 각총 생생한 현장사진들이 파노라마처럼 펼쳐진다. 또한 기존 〈육조단경〉이 한문과 그 해석 위주였고 곳곳에 있는 어려운 불교용어들이 있으나 구체적인 설명도 없어, 일반인이나 초보불자들이 뜻을 알지 못해 답답함을 느낄 때가 많은 것이 사실이다. 아무리 훌륭한 경전일지라도 뜻도 제대로 알지 못하고 충분히 이해 못한다면 경전이 전달하고자 하는 의미는 반감되거나 퇴색될 수밖에 없다. 또한 이보다 더 애석한 일은 없을 것이다. 이와 같이, 불자들이 흔히 〈육조단경〉에 대해 갖는 어려운 용어나 의문점을 이 책에서는 하나하나 명쾌한 해설로 속 시원히 해결한다. 이 책은 또한 선의 핵심을 오롯이 담아내고, 난해한 선의 묘리를 간명하고 이해하기 쉽게 전달하는 선사상 이해의 길잡이 역할도 한다.

일자무식 나무꾼 출신의 행자 혜능이 조계종 창시자가 되기까지의 파란만장한 구도의 역정과 또 다른 경쟁자 신수대사와의 돈오나, 점수냐 하는 대결, 그리고 역경과 시련을 이겨내고 남종선을 중국 대표종파로 화려하게 꽃피우기까지의 드라마틱한 육조단경 탄생이야기가 흥미진진하게 펼쳐진다.

○심불신사 경숭불법(心不信邪 敬崇佛法): 우바새(남자신도; 청신사/淸信士)와 우바이(여자신도; 청신녀/淸信女)들이 비바시 부처님의 지혜를 성실한 마음으로 믿고 공경하여 자비심이 충만해졌으므로 사견에 빠지지 않고 바른 믿음을 가져 불법을 숭상했던 것이다.

○일무소문(一無所問): 한 번도 묻지 않았다는 것은 이 경전을 받아 가지면서 독송하며 한 번 불성을 본 뒤에는 다시는 점을 치거나 무꾸리를 하지 않아도 의심이 생기지 않았다는 말이다.

○정신(正信): 바른 믿음이란 사심을 버린 것이니 자성불을 확신하는 것이다.

○득무루신(得無漏身): 무루신은 타락함이 없는 법신의 몸, 즉 번뇌 망상에 유혹되지 않는 부처님의 몸을 얻는 것이다.

○보리도(菩提道): 자각 각타 각행원만의 도이다.

○보광여래응정등각(普光如來應正等覺): 보광여래는 시간과 공간을 초월하여 일체세계에 그의 덕광을 나타내는 부처님이시고, 그 빛은 정견에 입각하여 자타가 평등한 도리를 깨달아 성취하는 까닭에 응정등각이라 하는 것이다.

○겁(劫; kalpa): 시간 단위의 하나. 겁명((劫名)이라고도 한다.

○무변(無邊): 나라 이름을 무변이라 한 것은 그의 깨달음이 어느 곳에 가든지 정직부실(正直不失)하여 다 통하여지는 까닭이다.

○행보살도 무소득법(行菩薩道 無所得法): 보살도를 닦되 법을 얻음이 없었다고 하는 것은 정직불망(正直不妄)하여 보현의 만행을 실천한 것을 말한다. 보현의 만행은 철저한 깨달음을 통하여 이루어진 수도상(修道相)이므로 진실로 소득법이 없기 때문이다.

第16分 천령공양분(天靈供養分)

[1]부차　무애보살　　[2]차천지팔양경　행염부제　　[3]재재처처
復次　無碍菩薩이여　此天地八陽經이　行閻浮提하면　在在處處에

유팔보살　제범천왕　일체명령　[4]위요차경　　향화공양
有八菩薩과　諸梵天王과　一切明靈이　圍繞此經하고　香華供養하여

여블무이
如佛無異하느니라

16분 팔보살과 일체 신들이 이 경을 보호하다

¹또한 무애보살이여, ²이 『천지팔양신주경』이 염부제에 유행하면 ³이 경이 있는 곳곳마다 팔보살과 모든 범천왕과 일체의 신명들이 ⁴이 경을 들러싸고 호위하며 향과 꽃으로 공양하기를 부처님과 같이 하느니라."

🕯【용어해설】

○염부제(閻浮提): 사바세계 4주의 하나. 우리가 살고 있는 세계, 이 세계에는 염부수가 있고 염부단금을 귀히 여기므로 염부주제 한다. ≪pp28-29 염부제(閻浮提) 참조≫

○8보살(八菩薩): 발다라, 라린갈, 교목도, 나라달, 수미심, 인저달, 화륜조, 무연관보살인데 모두 8식을 굴려 대지혜를 형성한 보살들로서 항상 중생들을 보살펴 보호하는 분들이시다.

○제범천왕(諸梵天王): 색계 초선천왕, 항상 맑고 깨끗한 마음으로 음욕을 여원 분들이다. 여기에는 범중천(梵衆天), 범보천(梵輔天), 대범천(大梵天)의 3천이 있어 불법을 보호하고 있다.

○일체명령(一切明靈): 천룡8부를 통칭하는 말이다.

○향화(香華): 향과 꽃은 일체 법신의 향과 만행의 꽃을 말한다.

第17分 강설공덕분(講說功德分)

¹불고무애보살마하살　²약선남자 선여인등　위제중생
佛告無碍菩薩摩訶薩하사대　若善男子 善女人等이　爲諸衆生하여

강설차경　　심달실상　　득심심리　³즉지신심　　불신
講說此經하여　深達實相하고　得甚深理하면　則知身心이　佛身

법심　　소이능지즉지혜　⁴안상견종종무진색　　색즉시공
法心이니　所以能知即智慧니라　眼常見種種無盡色하되　色即是空이요

공즉시색　⁵수상행식　　역공　　즉시묘색신여래　⁶이상
空即是色이라　受想行識하도　亦空하나니　即是妙色身如來며　耳常

문종종무진성　　성즉시공　　공즉시성　　즉시묘음성여래
聞種種無盡聲하되　聲即是空이요　空即是聲이라　即是妙音聲如來며

⁷비상후종종무진향　　향즉시공　　공즉시향　　즉시향적
鼻常齅種種無盡香하되　香即是空이요　空即是香이라　即是香積

여래　⁸설상료종종무진미　　미즉시공　　공즉시미　즉시
如來며　舌常了種種無盡味하되　味即是空이요　空即是味라　即是

17분 이 경을 듣고 깨달으면 곧 부처이니라

[1]부처님께서 무애보살에게 이르시되,

"[2]만약 선남자 선여인이 중생들을 위하여 이 경을 강설함으로써 실상을 깨닫고 깊은 이치를 얻으면 [3]그 몸이 바로 부처님의 몸이요 그 마음이 바로 불법의 마음이라는 것을 알 것이니 그렇게 능히 아는 바가 곧 지혜인 것이니라.

[4]눈으로는 항상 여러 가지 한없는 색을 보되 색이 곧 공이고 공이 곧 색이며

[5]수와 상과 행과 식도 역시 공이므로 이것이 곧 묘색신여래이며,

[6]귀로 항상 여러 가지 한없는 소리를 듣되 소리가 곧 공이고 공이 곧 소리이므로 이것이 곧 묘음성여래이며,

[7]코로 항상 여러 가지 한없는 냄새를 맡되 냄새가 곧 공이고 공이 곧 냄새이므로 이것이 곧 향적여래이며,

[8]혀로 항상 여러 가지 한없는 맛을 보되 맛이 곧 공이고 공이 곧 맛이 되므로 이것이 곧 법희여래며,

법희여래   9신상각종종무진촉   촉즉시공   공즉시촉
法喜如來며 身常覺種種無盡觸하되 觸卽是空이요 空卽是觸이라

즉시지승여래 10의상사상분별종종무진법   법즉시공
卽是智勝如來며 意常思想分別種種無盡法하되 法卽是空이요

공즉시법   즉시법명여래
空卽是法이라 卽是法明如來니라

🕯️【본문해설】 반야심경에 나오는 부처님의 가르침을 이곳 천지팔양신주경 제17분 강설공덕분(講說功德分)에서도 볼 수 있다. 반야심경의 조견오온개공(照見五蘊皆空)이란, 결국 색수상행식(色受想行識), 즉 오온(五蘊; panca-skandas)이 모두 텅 비어 아무 것도 없고, 변하지 않는 참다운 자아라는 실체는 존재하지 않으며, 다만 오온이 일시적으로 모인 것에 불과하다는 것을 확실히 안다는 뜻이다.

【용어해설】
○득심심리(得甚深理): 깊은 이치, 즉 무생법인을 깨달은 것이다.

⁹몸으로 항상 여러 가지 한없는 촉감을 느끼되 촉감이 곧 공이고 공이 곧 촉감이므로 이것이 곧 지승여래이며,

¹⁰뜻으로 항상 여러 가지 한없는 법을 생각하며 분별하되 법이 곧 공이고 공이 곧 법이므로 이것이 곧 법명여래니라.

♣ 반야심경의 핵심, 조견오온개공 도일체고액
(照見五蘊皆空 度一切苦厄)

○색(色; form): 인간이 안이비설신의(眼耳鼻舌身意)의 육근(六根)을 통해 지각할 수 있는 물질세계의 모든 것을 의미.

○수상행식(受想行識): 인간이 육근을 이용하여 물질세계에 존재하는 것(色; form)을 인식하는 과정을 설명한 것이다. 수(受)는 육근을 이용하여 물질세계에 존재하는 것의 자극을 받아들이는 과정을 말하고, 상(想)은 이러한 과정을 통해 그것의 이미지가 머릿속에 형상화되는 과정, 행(行)은 이렇게 형상화된 이미지를 머릿속으로 이리저리 생각하는 과정, 식(識)은 이러한 과정을 통해 만들어진 각자의 생각, 판단, 평가 등을 의미한다.

석가모니 부처님은 인간 각자의 감각 기관과 이성 능력 등의 차이에 따라 서로 다른 생각, 판단, 평가 등의 서로 다른 식(識)이 만들어진다는 사실을 깨달았다. 이러한 각자의 식(識)으로 인하여 각자의 아상(我相)이 형성되고, 아상에서 탐진치 삼독이 만들어지고, 삼독에서 번뇌가 일어나며, 이 번뇌에서 고(苦)가 생겨난다는 것을 깨달았다.

第18分 선악과보분(善惡果報分)

¹선남자 차육근 현현   인개구상설기선어   선법상전
善男子야 此六根이 顯現하되 人皆口常說其善語하여 善法常轉하면

즉성성도 ²설기사어   악법상전   즉타지옥   ³선남자
即成聖道나 說其邪語하여 惡法常轉하면 即墮地獄하나니 善男子야

선악지리 부득불신
善惡之理를 不得不信가

🕯 【용어해설】

○육근현현(六根顯現): 6근(六根), 즉 6식(六識)을 일으키는 여섯 가지 감각기관인 눈(眼根)·귀(耳根)·
코(鼻根)·입(舌根)·몸(身根)·뜻(意根))이 나타난다고 하는 것은 6근이 진망선악(眞妄善惡)의 경계에
나타나는 것을 말한다.

○선어(善語): 10선 4제 12인연 6도만행이다. 선 아닌 것이 없지만 입속에 진에(嗔恚)가 없이 화합의
말을 하면 그것이 선한 것이다.

○성도(聖道): 인·천·성문·연각·보살·불도를 총칭하나, 모든 것이 한 생각 바른데서 생겨나는 것이므로
일념정시성정각(一念正是成正覺)이라 하는 것이다.

○설기사어(說其邪語): 사어(邪語), 즉 삿된 말이란 악구·양설·기어·망어를 말함인데, 이 모두가 한 생각
사심(邪心)속에서 흘러나오므로 사념지심(邪念之心)이라 한 것이다.

○악법(惡法): 10악 5역의 법을 말하나, 모두 한 생각 성내는 마음에서 나오는 것이므로 일기진심 대악
상전(一起嗔心 大惡相轉)이라 한다.

○지옥(地獄): 8한(寒)지옥과 8열(熱)지옥 등 18지옥, 5백지옥과 8만4천 무간지옥을 말하나, 이 모두가
5계 10선을 파한데서 오므로 작파오계 시대지옥(乍破五戒 是大地獄)이라 하였다.

18분 선악과보분(善惡果報分)

[1]선남자여, 이 육근이 나타나되 사람들이 입으로 항상 착한 말을 하여 착한 법이 늘 전하여지면 성인의 도를 이루게 되나, [2]삿된 말을 하여 나쁜 법이 늘 전하여지면 지옥에 떨어지게 되느니라.
[3]이러하거늘, 선남자여, 선하고 악한 이치를 얻지도 않고 믿지도 않을 것인가.

 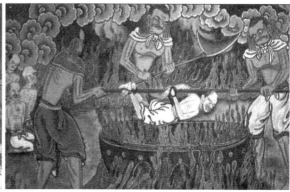

♣ 대규환지옥(大叫喚地獄; maharaurava)과 대열지옥(大熱地獄; pratapana)
불교의 팔열지옥에 속하는 지옥으로, 소승 삼장의 《정법념처경(正法念處經)》〈지옥품〉에 나온다.
　이곳은 남에게 사기 친 죄인과 사채업자가 떨어지는 지옥이다. 옥졸이 남을 속여 사기 친 전세 영 죄인의 혀를 쇠꼬챙이에 꿰어 잡아 빼 그 위에 펄펄 끓는 구리물을 붓는다. 또 불에 달군 쇠톱으로 산쟁이 부동자식 남사개 만수의 농간부린 혀를 잘라내고 쇠꼬챙이에 매달아 사나운 불길 속으로 집어넣는다.
　이 죄인들은 몸이 익어 터지고 온 몸이 불타서 없어질 때까지 견딜 수 없는 고통에 쉴 새 없이 소리를 지른다. 몸이 타 없어지면 다시 살려내 이러한 몸서리치는 끔찍한 고통을 끝없이 반복하여 당하게 한다.
　부처님은 남을 속이는 사기와 거짓말을 가려 '지극히 어리석은 자들이 스스로를 찍는 무서운 도끼날이며, 끝없는 고통의 지옥 불에 떨어지게 하는 죄악의 시초'라 하여 특히 경계하도록 당부하셨다.

第19分 심신법기분(心身法器分)

[1]선남자　인지신심　시불법기　역시십이부대경권야
善男子야　人之身心이　是佛法器며　亦是十二部大經卷也어늘

[2]무시이래　전독부진　불손호모　[3]여래장경　유식심
無始已來로　轉讀不盡하여　不損毫毛하나니　如來藏經은　唯識心

견성자지소능지　[4]비제성문범부　소능지야
見性者之所能知요　非諸聲聞凡夫의　所能知也니라

🕯【용어해설】
○불법기(佛法器): 불법의 그릇은 중생신(衆生身)에 대한 반대다. 중생의 몸은 생각생각에 5욕 가운데 희로애락 증애취사하는 마음이 끊임없이 일어나지만, 불법의 그릇은 생각생각 지혜의 물이 샘솟게 하여 보리심을 잊지 않는 것이다.
○12부경(十二部經): 경전은 보통 삼장(경·율·론)과 십이부로 구분하는데, 12부경(十二部經)은 부처님의 일대교설을 경의 문제, 형식, 내용, 성질에 따라 열두 가지로 구분한 것이다.
①수다라(修多羅; Sutra)는 계경(契經; 산문체의 일반경전), 법본(法本) ②기야(祇夜; geya)는 중송(重頌; 설법 후에 산문경전의 내용을 다시 운문으로 읊어 설한 것) ③가타(伽陀; gatha; 운문체의 게송으로 된 경)는 풍송(諷誦), 고기송(孤起頌) ④니타나(尼陀那; nidana)는 연기(緣起), 인연(因緣; 법을 들은 인연을 설한 경), 본연(本緣) ⑤아파타나(阿波陀那; apadana) 비유로 가르친 경, 비유경(譬喩經) ⑥이제왈다가(伊帝曰多伽; Itinttake)는 본사(本事; 제자들의 전생 인연을 설한 경) ⑦사타가(闍多迦; Jataka)는 본생(本生; 부처님의 전생 인연을 설한 경) ⑧아부타달마(阿浮陀達磨; abbhya-dharma)는 미증유(未曾有; 범부는 경험하지 못하는 성자 독특의 불가사의한 능력, 신통을 설한 경) ⑨우바리사

 몸과 마음이 불법을 담는 그릇이니라

¹선남자야, 사람의 몸과 마음이 불법을 담는 그릇이며 또한 십이 부의 큰 경전이어늘 ²아득한 옛적부터 현재까지 다 읽지 못하였으며 터럭만치도 건드리지 못하였으니 ³이 여래장경은 마음을 알고 성품을 본 사람만이 아는 것이요, ⁴성문이나 범부들은 알지 못하느니라.

(優波提舍; upadesa)는 논의(論議; 교리문답의 경) ⑩우타나(優陀那; udana)는 무문자설(無問自說; 부처님께서 질문 없이 스스로 설하신 법문) ⑪비불락(毘佛略; vaipulya)은 방광(方廣; 널리 광대하게 설한 경), 방등(方等) ⑫화가라(和伽羅; vyakarana)는 수기(授記), 예언(豫言; 성불을 예언한 경)

○여래장경(如來藏經): 인천인과경·소승9부경·대승12부경 등 경·율·론 3장(藏)을 총칭하는 말이다. 그러나 이 경 역시 행·주·좌·와·어·묵·동·정에 시시비비를 똑바로 아는 자가 되어 있어야만 여래의 장경을 올바로 이해할 수 있으므로 여래의 장경을 「四威儀內是是非非 活酸酸圓陀陀地即是 眞如來藏經也」라 하였다.

○식심견성자(識心見性者): 보고 들을 때마다 또렷또렷하게 깨닫는 자가 자성을 보는 자다. 1700 공안을 통하여 깨닫는 것도 그렇고, 12부 8만장경을 통하여 깨닫는 것도 그러하며, 5음 6입 12처 18계에서 깨닫는 것도 그렇다. 왜냐하면 눈은 보는데서 깨닫고 귀는 듣는데서 깨닫고 코는 맡는데서 깨닫고 입은 맛에서 깨닫고 몸은 촉감에서 깨닫고 뜻은 생각에서 깨닫기 때문이다. 그러면 누가 그렇게 깨닫는가. 바로 성품이다. 성품이 어느 곳에 가 있느냐에 따라 깨달음은 형성된다. 성품이 발에 있으면 걷게 되고 손에 있으면 잡게 되어 행·주·좌·와·어·묵·동·정에 어느 곳에서도 그의 작용이 나타나기 때문이다. 그러므로 옛 사람이 이르기를 「펴면 법계를 덮으나 쥐면 털끝 속에도 들어간다」 하였다.

第20分 심해진리분(深解眞理分)

¹선남자 독송차경   심해진리   즉지신심   시불법기
善男子야 讀誦此經하여 深解眞理하면 卽知身心이 是佛法器이어나

²약취미불성   불료자심   시불법근본   유랑제취
若醉迷不醒하면 不了自心이 是佛法根本하고 流浪諸趣하여

³타어악도   영침고해   불문불법명자
墮於惡道하고 永沈苦海하여 不聞佛法名字하리라

🄴🄾분 진리를 깨우치면 자신이 법기임을 안다

[1]선남자야, 이 경을 읽고 외워서 깊은 진리를 깨우치면 이 몸과 마음이 곧 불법을 담는 그릇인줄 알지만 [2]만약 술에 취해서 깨지 못한 것 같으면 마음이 불법의 근본이 된다는 것을 모르고 여러 갈래로 방황하여 [3]악한 길로 떨어져 영원히 고통의 바다에 빠지게 되고 불법의 이름조차 듣지 못하느니라."

각자의 마음 속에 스스로의 부처가 있으니 그 자기의 부처가 참 부처이니라自佛이 是眞佛이니라.

만일 자신에게 마음 속 부처, 즉 불심佛心이 없다면 어디에서 참 부처를 구하랴. 그대들은 자신의 마음이 곧 부처이니, 이를 절대 의심하지 말라.

♣ ≪혜능 일대기로 읽는 육조단경, 법진(法眞)·이원일 공저, p225에서 발췌≫

第21分 청법공덕분(聽法功德分)

¹이시   오백천자   재대중중   문불소설   ²득법안정
爾時_에 五百天子_가 在大衆中_{하여} 聞佛所說_{하고} 得法眼淨_{하여}

개대환희   즉발무등등아뇩다라삼먁삼보리심
皆大歡喜_{하며} 即發無等等阿耨多羅三藐三菩提心_{하니라}

🕯️【용어해설】

○오백천자(五百天子): 1000 천자 중 5백 천자이다. 그러나 경화스님은 「5온이 공한 도리를 아는 자가 5여래가 되고 그의 제자들이 다 5백 천자가 된다」 하였다. 왜냐하면 색온이 묘색신여래를 이루면 수온(受蘊)은 성소작지(成所作智)를 이루고 상온(想蘊)은 묘관찰지(妙觀察智)를 이루며 행온(行蘊)은 평등성지 (平等性智)를 이루고 식온(識蘊)은 대원경지(大圓鏡智)를 이루기 때문이다.

○법안정(法眼淨): 깨끗한 진리의 눈이다. 이 눈을 얻으면 사리가 분명하고 상하 전후좌우의 질서를 잘 지키게 된다. 그런데 이것은 6근에 망견(妄見; 不正見; 삿된 견해)이 없어야 되는 것이다.

○환희(歡喜): 광겁(廣劫)에 밝히지 못했던 일을 한번 밝힘으로써 다시 의심이 없게 된다. 겉으로는 객진번뇌(客塵煩惱; 본래부터 마음에 있는 것이 아니라 외부에서 들어와 청정한 마음을 더럽히는 번뇌)를 따르지 않고 안으로는 생사에 걸림이 없어야 환희하게 된다.

여래의 법문을 듣고 법안이 밝아짐을 얻다

¹그때 오백 천인들이 대중 가운데서 부처님의 말씀을 듣고 ²법안이 밝아짐을 얻고 모두가 다 크게 즐거워하며 그 즉시 동등함이 없는 아뇩다라삼먁삼보리의 마음이 일어났다.

> **아뇩다라삼먁삼보리**
> (阿耨多羅三藐三菩提; anuttara-samyak-sambodhi; 無上正等正覺)
>
> 산스크리트 anuttara-samyak-sambodhi/아누타라 사먁 삼보디를 발음(發音) 그대로 음사(音寫)한 것으로, 그 어의는 anuttara「무상(無上); 더 이상 위가 없는」, -samyak「정(正); 올바른」, -sam「변(遍); 넓은」, bodhi「보리(菩提; 깨달음 또는 지혜(智慧)」이다.
> 그러므로 전체를 한문으로 의역하면 무상정변지(無上正遍智), 무상정등정각(無上正等正覺), 무상정등각 등으로 나타낼 수 있으며, 그 의미는「최상의 올바른 깨달음; 더 이상 위없이 올바르고 넓은 깨달음; 비할 바 없이 진실하고 완전한 깨달음; 최상의 올바르고 평등하며 완벽한 부처님의 깨달음」등으로 나타낸다.

♣ ≪법화경과 신약성서, 민희식·법진(法眞)·이원일 공저, p393에서 발췌≫
≪금강반야바라밀경[금강경], 법진(法眞)·이원일 공저, p73에서 발췌≫

○아뇩다라삼먁삼보리심(阿耨多羅三藐三菩提心): 무상정등정각, 즉 최고의 깨달음.
「최고의 깨달음」이란「마음을 깨달은 것」을 말하고, 「평등한 깨달음」은「인연법을 깨달은 것」이며, 「바른 깨달음」은 삿된 깨달음에 대한 반대로서 인과를 깨달은 것이다. 5백천자는 이 천지팔양신주경을 설하는 것을 듣고 이와 같은 무상정등정각, 즉 최고의 깨달음을 얻은 것이다. 그러니 이 공덕이 얼마나 지중한 것인가를 알 수 있다.

第22分 문인연법분(問因緣法分)

[1]무애보살　부백불언　　[2]세존　　인지재세　　생사위증
無碍菩薩이　復白佛言하시되　世尊하　人之在世에　生死爲重이나

생불택일　　시지즉생　　사불택일　　시지즉사　　[3]하인
生不擇日하고　時至卽生하고　死不擇日하고　時至卽死어늘　何因

빈장　　　즉문양신길일　　연시빈장　　[4]빈장지후　　환유
殯葬하여　卽問良辰吉日하고　然始殯葬하되　殯葬之後에　還有

방해　　　빈궁자다　　　멸문자불소　　[5]유원세존　　위제사견
妨害하며　貧窮者多하고　滅門者不少닛고　唯願世尊하　爲諸邪見

무지중생　[6]설기인연　　영득정견　　제기전도
無知衆生하사　說其因緣하사　令得正見하고　除其願倒하소서

22분 인연법의 이치를 여쭙다

[1]무애보살이, 또 다시 부처님께 여쭙되,

"[2]세존이시여, 사람이 이 세상에 있으면서 나고 죽고 하는 것이 가장 소중하겠으나 출생 시에도 좋은 날짜를 택일하지 못하고 때가 되면 태어나게 되고 죽을 때에도 택일하지 못하고 때가 되면 죽게 되거늘, [3]어찌하여 초빈과 장사 지낼 때에는 길일을 택해서 초빈하고 장사 지내건만 [4]그렇게 한 후에도 오히려 해가 되어 빈궁한 사람이 많으며 가문이 멸망하는 일까지 적지 않은 것입니까?

[5]원하옵건대 세존이시여, 소견이 잘못된 무지한 중생들을 위하여 [6]그 인연을 말씀해 주셔서 올바른 소견을 지니고 뒤바뀐 소견을 없애 주시옵소서."

🕯【용어해설】

○생사(生死): 생(生)이란 4대 5온이 잠깐 화합하여 일어나는 것을 말하고, 사(死)란 4대 5온이 무너져 본래의 상태로 되돌아가는 것을 말한다.

○길일(吉日): 4주 5행 가운데서 생기 복덕일을 가려 날을 선택하는 것이다. 일반적으로는 세간에서는 천룡 지아(天聾 地啞; 흙 다루고 집 짓고 수리하는 데 유리한 날), 생사병갑일(生死病甲日)을 가리고 월가흉신일(月家凶神日)과 살부대기월(殺夫大忌月)을 가리지만, 불교에서는 스승이 제자를 가르치고 범부가 열반을 증득하고 도인이 화두를 꿰뚫는 날을 길일이라 한다.

그런데 이렇게 날을 가리고 달을 가려 집을 짓고 이사를 했는데도 잘못되는 사람이 있는데, 물론 때와 장소를 잘못 가린 탓도 있지만 이것은 모두 인과응보의 인연법에 의한 것이며 마음의 선악업보에서 이루어지는 것이므로 거기에 크게 의존할 필요는 없는 것이다. 그런데 이런 도리를 모르는 사람들은 무슨 신의 장난인가, 무슨 운명의 소행인가 의심하기 때문에 그 마음이 더욱 삿되고 어리석어지므로 그 인과를 밝혀 잘못된 생각을 바로 잡아 달라는 것이다.

第23分 지혜대도분(智慧大道分)

[1]불언 선재선재 [2]선남자 여실심능문어증생 생사지사
佛言 善哉善哉라 善男子야 汝實甚能問於衆生의 生死之事와

빈장지법 여등제청 [3]당위여설 지혜지리 대도지법
殯葬之法하니 汝等諦聽하라 當爲汝說 智慧之理와 大道之法하리라

[4]부천지광대청 일월광장명
夫天地廣大淸하며 日月廣長明하도다

시년선선미 실무유이
時年善善美하여 實無有異니라

🕯️ 【용어해설】

○생사(生死): 범부들의 분단생사(分段生死)가 있고, 성문 연각들의 변역생사(變易生死)가 있으며, 또한 불보살의 의생신생사(意生身生死)가 있다.

분단생사는 육도(六道)로 윤회(輪廻)하는 범부(凡夫)의 생사(生死)이다. 분(分)은 제각기 가는 것이니 목숨의 끝이고, 단(段)은 끝이니 몸의 형체이다. 범부는 각기 업인(業因)을 따라서 신체에 크고 작으며, 가늘고 굵은 모양이 있고, 목숨에 길고 짧은 한계가 있는 생사이다.

변역생사는 변역(變易), 즉 원인이 달라지며 결과가 바뀌는 것이다. 이것은 성문 연각들이 세상에 나서 번뇌(煩惱)를 끊고 성불하기까지 받는 생사로서 미(迷), 오(悟)의 경계를 지나가는 상태이다.

의생신생사는 보살이 중생을 제도하기 위해 뜻대로 변화한 신체, 또는 삼계(三界)의 괴로움을 벗어난 성자가 성불할 때까지 지니는 신체이다.

23분 지혜로운 이치를 말씀하시다

[1]부처님께서 말씀하시되,

"좋도다, 좋도다! [2]선남자야, 그대가 능히 중생들의 나고 죽는 일과 초빈과 장사 지내는 법을 물으니 그대들은 자세히 들으라. [3]마땅히 그대들을 위하여 지혜로운 이치와 대도의 법을 말하노라.

[4]대개 하늘과 땅은 넓고 크고 맑으며
해와 달은 항상 밝도다.
어느 해 어느 시간이나 좋고 아름답기만 할 뿐
진실로 다른 것이 없도다.

○지혜(智慧): 심성의 체용을 말한다. 마음의 체는 항상 빛나므로 지(智)요, 그의 작용은 걸림이 없으므로 혜(慧)다.

○대도(大道): 인천 6도의 길을 밝히는 것도 대도이지만, 응무소주 이생기심(應無所住 而生其心)으로 그 마음을 쓰는 것이다.

○천지(天地): 하늘은 3계의 모든 하늘들을 감싸고 있는 광대원만하고 소요자재의 태허(太虛)를 말하며, 땅은 좁고 단단한 마음이니 가로 시방 세계에 뻗쳐 있고 세로 삼제에 두루한 땅을 말한다.

○일월(日月): 해와 달은 천지에서 밤과 낮을 비추는 근본 후득의 두 지혜를 말한다.

○시년(時年): 시간과 해는 12시가 합하여 달이 되고, 달이 합하여 해가 되는데 때때로 생각 생각 가운데 선·악·무기 3성을 작동하여 모든 선하고 아름다운 일을 창조하게 하는 것이므로 실무유이(實無有異: 진실로 다른 것이 없다)라고 한 것이다. 툭 터진 참된 마음은 그 성품이 일체만법에 있어서도 영원히 변역하는 일이 없기 때문이다.

第24分 전도지심분(顚倒之甚分)

[1]선남자 인왕보살 심대자비 민념증생 개여적자
善男子야 人王菩薩이 甚大慈悲하여 愍念衆生하되 皆如赤子하며

[2]하위인주 작민부모 순어속인 교민속법 [3]유작
下爲人主하여 作民父母하되 順於俗人하여 教民俗法하되 遺作

역일 반하천하 영지시절 [4]위유만평성수개제지자
曆日하여 頒下天下하여 令知時節이어늘 爲有滿平成收開除之字와

집위파살지문 [5]우인 의자신용 무불면기흉화 [6]우사
執危破殺之文이라 愚人은 依字信用하여 無不免其凶禍니라 又使

사사 압진 설시도비 [7]만구사신 배아귀 각초앙자
邪師로 壓鎭하고 說是道非하여 謾求邪神하며 拜餓鬼하여 却招殃自

수고 [8]여시인배 반천시 역지리 배일월지광명
受苦하나니 如是人輩는 反天時하고 逆地理하여 背日月之光明하고

상투암실 [9]위정도지광로 항심사경 전도지심야
常投暗室하며 違正道之廣路하여 恒尋邪徑이라 顚倒之甚也니라

78

24분 재앙과 고통은 뒤바뀐 소견 탓이니라

[1]선남자야, 인왕보살이 심히 대자비하여 중생들을 불쌍히 여기시기를 어린 아이같이 하고 [2]아래로는 사람들의 임금 되셔서 백성들의 부모가 되어 세속 사람들을 따라 세속법을 가르치되 [3]책력을 만들어 천하에 반포하여 절후에 알게 하였거늘 [4]거기에 만·평·성·수·개·제라는 글자와 집·위·파·살이란 글자가 있다하여 [5]어리석은 사람들은 이 글자에 의지하여 믿고 따름으로써 흉화를 면치 못하느니라.

[6]또 삿된 스승이 강압하고 이렇게 하면 옳고 저렇게 하면 그르다고 하면서 속여서 [7]삿된 신을 구하게 하여 아귀에게 절하다가 오히려 재앙을 부르고 고통을 받나니, [8]이렇게 사람들은 천시를 위반하고 지리를 거슬러 해와 달의 밝은 빛을 등지고 항상 어두운 곳에 빠지는 것이며 [9]바른 길인 넓은 길을 벗어나 항상 삿된 길을 찾으니 이는 소견이 심히 뒤바뀐 까닭이니라.

🕯️ 【본문해설】

인왕보살께서 교민속법의 한 방편으로 역법을 펴냈는데, 이는 절후를 알게 하고 중생들을 개화되게 하고 삶을 풍족하게 함이었다.

역법에는 만평성수개제 집위파살(滿平成收開除 執危破殺)과 같은 다스리는 글자와 위태로운 것을 잡아 살을 없애는 글자도 들어있다.

그러나 진리란 문자를 여의여서도 안 되지만 문자에 얽매여서도 안 되는 법인데, 어리석은 사람들은 문자 그대로를 믿고 의지하니 안타까운 일이 아닐 수 없다. 우리들은 부처님께서 가르치신 경전을 통해 진리의 길에 들어가지만, 문자란 달을 가리키는 손가락같이 진리를 가리키는 안내서 내지는 방편에 지나지 않는 것으로 진리 그 자체가 될 수는 없음을 깨달아야 할 것이다.

안타깝게도 대다수 중생들의 소견은 심히 전도되어, 오히려 이를 이용하여 별의별 장난을 치고 돈벌이에 이용하는 등 삿된 길로 내닫는 것이 현실이다.

【용어해설】

○인왕보살(人王菩薩): 나라를 다스리는 왕, 또는 항상 깨닫는 마음을 가지고 바르고 곧게 살아가는 사람이다. 사찰이나 불전의 문 또는 불상을 지키는 불교의 수호신 인왕(仁王)과 혼동하지 않도록 유의해야 한다. 한문 철자도 다르다.

○자비(慈悲): 중생을 크게 사랑하는 마음이고 어여삐 여기는 마음. 자비의 자(慈)는 애념(愛念 : 사랑하는 마음)을 가지고 중생에게 낙(樂)을 주는 것이요, 비(悲)는 민념(愍念 : 불쌍히 여기는 마음)을 가지고 중생의 고(苦)를 없애주는 것이다.

○적자(赤子): 3척 동자로서 아직 옷 입을 줄도 모르고 밥 먹을 줄도 모르는 어린아이.

○인주(人主): 사람의 주인이란 중생의 마음을 거두어 사람 되게 만드는 스승이다.

○작민부모(作民父母): 백성의 부모가 된다는 것은 생산 양육의 부모이고 지혜 방편의 부모이다.

○교민속법(敎民俗法): 속법을 따라 가르친다고 하는 것은 처자를 거느리고 세속적인 애정으로 봄, 여름에는 농사짓고 가을, 겨울에는 추수동장(秋收冬藏)하여 사람들을 착하게 하고 나라를 진정(鎭定)시키는 것이다.

○유작역일(遺作曆日): 책력을 만들어 천하에 배포함. 이것은 음력을 만들어 절기를 알림으로써 천하의 모든 사람들이 자기 분수를 지키고 살아갈 수 있도록 경계한 것이다.

○만평성수개제 집위파살(滿平成收開除 執危破殺): 만은 가득 찬 것이고, 평은 평탄하며, 성은 이룩한 것이고, 수는 거두는 것이고, 개는 여는 것이고, 제는 없애는 것이다. 집은 잡는 것이고, 위는 위험한 것이고, 파는 파하는 것이고, 살은 죽는 것인데, 4주 5행의 글자 가운데 이와 같은 운명이 나온다. 어리석은 사람은 이 글자만 믿고 마음을 고칠 줄 모르기 때문에 흉화를 면치 못한다고 한 것이다.

○우인(愚人): 어리석은 자. 이 같은 무리들을 범부지인(凡夫之人)이라고도 한다.

○의자신용(依字信用): 글자, 문자에 의지하여 믿고 따름. 문자 그대로의 뜻을 믿고 따름.

○사사(邪師): 삿된 스승이란 자성을 따르지 않고 말과 글로써 사람을 가르치는 사람

○압진(壓鎭): 강압하거나 강세함

○만구사신(謾求邪神): 속여서 삿된 신을 구하게 함. 삿된 성직자들은 사람들로 하여금 물품의 다과나 돈의 많고 적음에 따라 성패곡직(盛敗曲直)을 말해서는 안 될 것임을 알면서도 신을 핑계하여 절륜(絶倫)의 행을 자행한다.

○아귀(餓鬼): 배고픈 귀신. 삿된 신을 구하는 어리석은 사람들은 몇 푼의 돈이나 술밥으로 주린 귀신들에게 절하다가 장차는 도리어 앙화(映禍)의 고통을 초래하기 쉽다.

○앙화(映禍): 앙화의 원인은 신·구·의 3업의 과실(過失)에 있다. 자성을 더럽게 쓰면 3독의 고통이 일어난다.

○반천시(反天時): 천시를 반한다는 것은 부모나 스승 또는 세상의 대세를 거스르는 것을 말한다.

○역지리(逆地理): 지리를 거역한다는 것은 어머니의 사랑스런 마음과 자신의 양심을 거역하는 것이다.

○배일월지광명(背日月之光明): 해와 달을 등지면 빛을 볼 수 없듯이, 천지의 이치를 거슬러 본각 시각을 등지면 진리 광명을 볼 수 없다.

○상투암실(常投暗室): 바른길 넓은 길은 놓아두고 좁은 길 삐뚤어진 길만을 골라서 가니 항상 어두운 곳, 지옥이나 사경(邪經)에 빠지는 것은 정한 이치다.

○사경(邪徑): 8사(八邪)의 길이다. 세상 이치를 바로 보지 않고 바로 생각하지 않고 악담 욕설과 바르지 못한 행동으로 살아가면서도 부끄러운 줄도 모르고 세상을 어지럽게 하다가 마침내 제 마음까지도 어두운 길에 들어 자포자기하는 것, 이것이 잘못된 길에 빠지는 것이다. 그러므로 참된 불제자는 고난 속에서도 고난을 헤쳐 나가는 방법을 문자나 말, 점이나 굿으로 풀어나가려 하지 않고 마음과 행동을 고쳐 삿된 길로 가지 않고 고통의 빌미를 예방할 수 있도록 해야 한다.

第25分 생산지영분(生産之榮分)

[1]선남자   산시   독송차경삼편   아즉이생   심대길리
善男子야 産時에 讀誦此經三遍하면 兒則易生하고 甚大吉利하며

[2]총명이지   복덕구족   이부중요   [3]사시   독송차경
聰明利智하고 福德具是하며 而不中天하나니라 死時에 讀誦此經

삼편   일무방해   득복무량
三遍하면 一無妨害하고 得福無量하리라

♣ 붓다의 탄생(The Birth of Buddha), Peshawar Museum
≪예수와 붓다, 법진(法眞)·이원일 공저, p18-21에서 발췌≫

25분 해산할 때 이 경을 읽으면 크게 길하리라

¹선남자야, 해산할 때에 이 경을 세 번만 읽으면 아기를 순산하고 크게 길할 것이며 ²아기가 총명하고 지혜가 있으며 복덕이 풍성하며 일찍 요절하는 일이 없을 것이니라.

³사람이 죽을 때에도 이 경을 세 번만 읽어주면 조금도 방해가 없고 한량없는 복덕을 얻으리라.

【용어해설】

○아즉이생(兒則易生): 애가 쉽게 태어나는 것은 이 경의 도리를 들음으로써 마음이 평안하고 천진하게 되는 까닭이다.

○심대길리(甚大吉利): 크게 길하다고 한 것은 본 마음이 깨끗해지고 세속적 이익과 번뇌 망상이 없어지기 때문이다.

○총명이지(聰明利智): 세속적 변총(辨聰)을 갖춘 가운데서도 항상 밝은 마음이 사미(邪迷)를 없이 하는 것이다.

○부중요(不中夭): 사람이 살다가 중간에 명을 다하지 못하고 죽는 일이 없다는 것은 복덕을 구족하여 법신상주(法身常住)의 수명으로 영원한 삶을 살아가기 때문이다.

○사시독송차경(死時讀訟此經): 사람이 세상을 떠날 때, 이 경을 읽어주면 몸을 버리고 떠나는 애착심과 고독한 마음이 없어지므로 가고 싶은 곳으로 마음대로 가서 한량없는 복덕을 받게 된다.

○방해(妨害): 집착 때문에 자신의 길이 막히고 남의 길도 막아 피차에 해를 끼치게 되는 것이다.

第26分 일일호일분(日日好日分)

[1]선남자 일일호일   월월호월   연년호년
善男子야 日日好日이며 月月好月이며 年年好年이로다

[2]실무간격   단판즉수빈장   빈장지일   독송차경칠편
實無間隔이니 但辨即須殯葬하고 殯葬之日에 讀誦此經七遍하면

심대길리   획복무량   [3]문영인귀   연년익수   명종
甚大吉利하여 獲福無量하고 門榮人貴하고 延年益壽하며 命終

지일   병득성성
之日에 並得成聖하리라

♣ 달마도, 청청 큰스님 작

84

이것이 성서의 원전이다!

성서는 바로 여기서 베껴오고 편집되었다!
수천 년 간 쉬쉬해 온 성서의 숨겨진 사실들을 밝힌다!

성서는 어디서 베껴왔나?

성서가 사실은 그리스, 이집트, 메소포타미아 등 이스라엘 주변의 여러 민족신화를 차용·편집한 것이라는 충격적 사실을 폭로하고, 그와 관련된 역사적·고고학적 자료를 들어 조목조목 입증하고 있는 놀라운 책이다!

전 세계 15개국에서 번역출판

민희식 교수 저
신국판/368쪽/값18,000원
전국 유명서점, 인터넷 서점 절찬리 판매!
(상담·주문전화 3442-0256)

★이 책을 읽지 않고 성서를 말하지 말라!

• 성서를 베껴 온 출처를 낱낱이 밝힌다!
• 성서는 희랍·중근동 민족신화의 표절과 편집판이다!
• 성서의 표절 및 편집사실을 입증하는 명백한 증거들을 낱낱이 제시!
  성서고고학 자료사진 대거수록!

기독교인들이 공개적으로는 집단으로 반발하면서도
개별적으로는 남몰래 가장 많이 구입해 읽는다는 바로 그 책!!!
일반인은 물론 목사님, 신부님들의 필독서로 자리잡고 있는 이 책은
대체 어떤 책이기에 그토록 애증을 보이는 것일까?

★기독교 측에서 제발 이 책만은 내지 말라고 간청했다가 저자에게 거절당한 숨은 사연으로 더욱 유명해진 바로 그 책!

• 인터넷 최다 검색어 『성서의 뿌리』

종합뉴스 방송

성서의 뿌리: 성서의 원전과 사본을 한 눈에 보기

한국 기독교인들은 성서가 수천 년 된 것이라고 착각하고 있지만 사실은 바빌로니아 포로생활에서 풀려난 후에야 주변민족들의 신화를 차용하여 편집되었음을 밝히고 있다. 성서가 차용되고 편집된 모습들을 고고학적 자료와 함께 비교분석하고 있다.

1 아담과 이브, 선악과 이야기의 짜깁기≪성서의 뿌리, p47≫

[원본] 그리스 금단의 열매

[사본] 아담과 이브의
선악과로 표절된 성서사진

◆ 나무를 휘감고 있는 뱀까지
   그대로 베껴갔다

◆ 등장인물을 3인으로 설정한
   것까지 그대로이다.

2 수메르의 아담과 이브 원본≪성서의 뿌리, p59≫

◆ 대영박물관에 소장되어 있는 수메르의
   점토판 사진
   - 아담과 이브의 원전이다.
   - 왼쪽 이브의 원조 뒤에 뱀이 보고,
     두 사람 사이에 선악과 나무가 있다

3 리스의 금단의 과일이야기 원전

[원본] 고대 그리스 도자기 항아리에 새
겨진 금단의 과일과 뱀 이야기

[사본] 유대인이 선악과와
뱀으로 각색

오늘날 여호와 신이 인류와 모든 생물을 멸하기 위해 일으켰다는 노아의 홍수 이야기가 히브리인들의 독창적인 문학작품이 아니라 수메르와 바빌로니아 홍수신화의 복사판에 불과한 것이라는 사실은 이미 증명되었다.

메소포타미아 홍수설화에서 히브리 홍수설화로 1

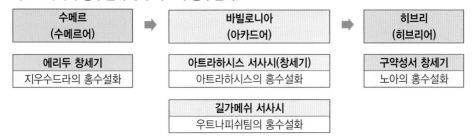

에리두 창세기	아트라하시스 서사시	길가메쉬 서사시	구약성서 창세기
지우수드라	아트라하시스	우트나피쉬팀	노아
사제 왕	사제 왕	사제 족장	사제 족장
신통력을 통해서 신들의 회의의 내용을 들음	사제 왕이 꿈을 통해 에아 신으로부터 홍수계획을 알게 됨	꿈을 통해 에아 신으로부터 신들의 홍수계획을 들음	여호와 신이 직접 노아에게 홍수계획을 말함
2층 방주, 니시르산	2층 방주, 니무쉬산	6층 방주, 니무쉬산	3층 방주, 아라랏산
7일 밤낮 비가 옴	7일 밤낮 비가 옴	7일 밤낮 비가 옴	40일 밤낮 비가 옴
비둘기와 까마귀로 육지확인	비둘기, 제비, 까마귀로 육지확인	비둘기, 제비, 까마귀로 육지확인	까마귀와 비둘기로 육지확인
제물을 바침	제물을 바침	제물을 바침	희생 번제를 올림

메소포타미아 홍수설화에서 히브리 홍수설화로 2

구약성서 편집자들은 여러 가지 메소포타미아 홍수설화를 구약성서에 포함시켜 편집할 때 일부 명칭만 대체하였다.

> 홍수를 일으켜 인류를 몰살시키는 엘릴 신은 여호와 신으로,
> 대홍수에서 살아남는 유일한 사람 '우트나피시팀'은 '노아'로,
> '7일 밤낮'은 '40일 밤낮'으로,
> '방주는 니무쉬 산 꼭대기에 머물렀다'는 '방주는 아라랏 산에 머물렀다'로,
> 홍수가 끝나고 '까마귀'를 날려보내는 것은 '비둘기'를 날려보내는 것으로,
> '제물'은 '번제'를 바치는 것으로 변안하였을 뿐이다.

[원본] 사르곤왕 이야기

[사본] 모세 이야기

• 사르곤 왕을 그대로 베낀 모세 이야기

사르곤 1세	모세
어머니가 신전의 여사제	어머니가 제례를 담당하는 레위지파
탄생을 숨겨야 했다	탄생을 숨겨야 했다
갈대바구니가 물이 새지 않도록 역청을 바른 다음 아기를 넣었다	갈대바구니가 물이 새지 않도록 역청을 바른 다음 아기를 넣었다
어머니가 유프라테스 강에 띄웠다	어머니가 나일강에 띄웠다
이쉬타르 여신이 후원자였다	파라오의 공주가 후원자였다
아버지가 산신임을 알게 되었다	여호와 신을 산에서 알게 되었다
제국을 이끄는 지도자가 된다	민족을 이끄는 지도자가 된다

★아크나톤 18계명이 모세 10계명의 원전이다!

모세 10계명은 이집트의 유일신이며 태양신 아톤이 아크나톤에게 내렸다는 18계명을 그대로 모방해 요약한 것이다. 아톤 신이 여호와 신으로, 신의 명을 받든 아크나톤은 모세로 둔갑하였다.

[아톤신의 18계명]

제1계명. 너희는 다른 신들을 질투의 신이자 창조주인 내 앞에 있게 하지 말라.
　　　　→ (모세 1계명) 너희는 내 앞에 다른 신을 모시지 말라(출 20:3)

제2계명. 너를 위하여 우상이나 다른 신들을 섬기기 위하여 어떠한 상도 만들지 말라.
　　　　→(모세 2계명) 너를 위하여 우상을 만들지 말라.(출20:4)

제3계명. 너는 마음을 다하고 성품을 다하고 힘을 다하여 너의 주 아톤신을 사랑하라.

제4계명. 너의 주 아톤신의 이름을 함부로 부르지 말라. 그 이름을 걸고 거짓되이 맹세하지 말라.
　　　　→(모세3계명) 너희 하나님 여호와의 이름을 함부로 부르지 말라.(출20:7)
　　　　→(모세9계명) 이웃에게 불리한 거짓증언하지 말라(출 20:16)

제5계명. 너의 주 아톤신을 기억하여 거룩하게 지켜라.
　　　　→(모세 4계명) 안식일을 기억하여 거룩하게 지켜라(출(20:8)

제6계명. 너의 어머니와 아버지를 공경하라.
　　　　→(모세 5계명) 네 부모를 공경하라(출 20:12)

제7계명. 살인하지 말라. → (모세 6계명) 살인하지 말라(출20:13)

제8계명. 간음하지 말라. → (모세 7계명) 간음하지 말라(출20:14)

제9계명. 물질적으로도 마음으로도 도둑질하지 말라. → (모세8계명) 도둑질하지 말라.(출20:15)

제10계명. 네 이웃에 속한 일체의 모든 것을 탐내지 말라.
　　　　→(모세 10계명) 네 이웃의 집을 탐내지 말라.(출20:17)

(나머지 계명들은 미처 베껴가지 못했다)

제11계명. 너의 의지를 남에게 강요하지 말라.

제12계명. 남을 판단하려들지 말라.

제13계명. 뿌린 대로 거둔다는 인과응보를 기억하라.

제14계명. 신에게 행하는 모든 봉사를 거룩하게 여기라.

제15계명. 인류의 번영을 위하여 신의 지혜를 본 받으라.

제16계명. 남에게 대접받고자 하는 대로 너희도 남을 대접하라.

제17계명. 악행은 쉽게 드러남을 알라.

제18계명. 너희는 신이 창조한 어떤 인간도 노예로 부려서는 안 된다.

26분 날마다 좋은 날이니라

[1]선남자야,

날마다 좋은 날이요
달마다 좋은 달이요
해마다 좋은 해로다.

[2]진실로 막힐 것이 없으니 준비만 되었으면 어느 때나 초빈과 장사 지내되, 장사 지내는 날에 이 경을 일곱 번만 읽어주면 크게 길하고 이로워서 한량없는 복을 얻을 것이며 [3]가문이 영화롭고 사람은 귀히 되며 해마다 수명이 길어져 장수하고 임종하는 날에는 성인의 도를 이루느니라.

【용어해설】

○일일호일 월월호월 연년호년(日日好日 月月好月 年年好年): 날마다 좋은 날이요, 달마다 좋은 달이요, 해마다 좋은 해가 되는 것은 불성이 3세에 통철하고 실무간격(實無間隔), 즉 시방에 꽉 차서 간격이 없기 때문이다.

○독송차경칠편(讀誦此經七遍): 일곱 번 읽으라고 한 것은 그것이 곧 7각지와 상응하기 때문이다.

○심대길리(甚大吉利): 크게 길한 것은 신·구·의 3업이 모두 길상하게 되어 하는 일마다 한량없는 복을 얻게 되는 까닭이다.

○문영인귀(文榮人貴): 집안이 영화롭고 고관대작과 출세학도가 많이 배출되어 덕을 형성하고 효자와 열녀가 많이 나와 행·주·좌·와·어·묵·동·정에 정각을 이루도록 하는 까닭이다.

○연년익수(延年益壽): 연년이 수명이 불어난다는 것은 공부가 날로 늘어 법신·보신·화신 3신불을 체계 있게 이해함으로써 수명이 불어나는 것이다.

○병득성성(並得成聖): 명종지일에 성현이 된다고 하는 것은 과거 자기처럼 걸려 있었던 모든 중생들을 깨우쳐 주는 선각자가 되기 때문이다.

第27分 인지애락분(人之愛樂分)

[1]선남자　빈장지지　막문동서남북안온지처　[2]인지애락
善男子야　殯葬之地에　莫問東西南北安穩之處니　人之愛樂은

귀신애락　[3]즉독차경삼편　변이수영　안치묘전
鬼神愛樂이라　即讀此經三遍하고　便以修營하며　安置墓田하면

[4]영무재장　가부인흥　심대길리
永無災障하고　家富人興하여　甚大吉利하리라

27분 사람이 좋아하는 곳은 귀신도 좋아한다

¹선남자야, 초빈과 장사 지낼 곳은 동서남북 묻지 말고 편안한 자리를 구하면 되니 ²사람이 좋아하는 곳이면 귀신도 좋아하는 곳이니라.

³그러므로 이 경을 세 번 읽고 일을 시작해서 묘를 쓰고 묘전을 마련하면 ⁴재앙과 장애가 영원히 없어지고 집안이 부유해지고 사람은 번성하여 크게 길하고 이로울 것이니라."

🕯️【용어해설】

○막문동서남북안온지처(莫問東西南北安穩之處): 불교에서 명당이란 망자가 들어갈 좋은 땅속만을 말하는 것이 아니라 그 혼령이 번뇌 망상을 등지고 영원히 평안하고 안락한 것을 말한다. 즉 깨달으면 이 몸의 희로애락과 증애취사 탐진치 3독이 모두 소멸하여 없어지기 때문이다.

○묘전(墓田): 묘위전(墓位田)의 준말. 묘에 부속되어 있는 전지(田地)로, 묘를 관리하고 묘에서 지내는 제사의 비용을 조달하기 위해 경작하는 밭. 위전(位田; 윗답)이라고도 한다.

○인지애락 귀신애락(人之愛樂 鬼神愛樂): 사람이 사랑하고 즐거우면 귀신도 사랑하고 즐거워한다고 한 것은 사람과 귀신 사이에 모양이 있고 없는 차이는 있으나 그 마음이야 차별이 없기 때문이다.

第28分 중송공덕분(重頌功德分)

[1]이시 　세존　욕중선차의　　이설게언
爾時에 世尊이 欲重宣此義하사 而說揭言하사대

[2]영생선선일　　휴빈호호시
營生善善日이며 休殯好好時라

생사독송경　　심득대길리
生死讀誦經하면 甚得大吉利니라

[3]월월선명월　　연년대호년
月月善明月이요 年年大好年이라

독경즉빈장　　영화만대창
讀經即殯葬하면 榮華萬代昌이니라

[4]이시 증중칠만칠천인 문불소설　심개의해 [5]사사귀정
爾時에 衆中七萬七千人이 聞佛所說하고 心開意解하여 捨邪歸正하며

득불법분　　영단의혹　　개발아뇩다라삼먁삼보리심
得佛法分하고 永斷疑惑하고 皆發阿耨多羅三藐三菩提心하니라

28분 게송으로 거듭 당부하시다

¹그때 세존께서 이 뜻을 펴시고자 거듭 당부하사 게송으로 말씀하시되,

²삶을 누릴 때가 좋은 날이요
장사 지내는 그날마저 좋은 때라
날 때와 죽을 때 이 경을 읽으면,
크게 길하고 이로움을 얻으리라.

³달마다 밝고 길한 좋은 달이요
해마다 크게 좋은 해로다.
이 경을 세 번 읽고 장사 지내면
천추만대에 영화롭고 창성하리라.

⁴그때 대중 가운데서 칠만 칠천 명이 부처님의 말씀을 듣고 마음이 열리고 뜻이 풀려 ⁵사도를 버리고 정도로 돌아와 불법을 얻어서 영원히 의혹을 끊고 모두 아뇩다라삼먁삼보리 마음을 내었다.

🕯️【본문해설】

◆게송(偈頌), 중송(重頌), 고기송(孤起頌)

게(偈), 또는 게송(偈頌)은 부처님의 덕을 찬미하며 교리를 서술하는 4구(句)로 된 싯구이다. 대체로 5글자 또는 7글자를 한 구(一句)로 하여 4구가 하나의 게(一偈)를 형성한다.

게송(偈頌)은 범어(梵語; Sanskrit/산스크리트 가타(Gatha)의 한자 음역인 게타(偈陀)의 앞 글자를 딴 게(偈), 그리고 가타(Gatha)의 의역인 송(頌)을 합한 말이다. 그러므로 게송(偈頌)은 음역과 의역이 동시에 하나로 합성된 어의중첩어(tautology)이다.

일반 경전의 서술형식은 주로 산문체로 되어 있지만 운문 게송(偈頌; gatha)으로 된 부분도 적지 않다. 게송은 중송(重頌)과 고기송(孤起頌)으로 분류된다.

중송(重頌; 기야/祇夜; 산스크리트 geya)은 경전에서 앞에서 설법한 산문체의 내용을 다시 운문으로 간결하게 정리하여 읊은 게송(偈頌)이다. 응송(應頌)이라고도 한다.

예를 들어, 법화경 서술형식의 특징은 먼저 산문이 있고, 그 산문을 다시 운문인 게송으로서 요약하거나 부연 설명한다. 법화경의 게송은 거듭 뜻을 밝히는 중송에 해당된다.

고기송(孤起頌)은 외로울 孤(고), 일어날 起(기), 칭송할 頌(송), 즉 글자 그대로 어떤 산문으로서의 경전 내용은 없고 독자적인 운문체의 게송으로만 되어 있는 경이다. 풍송(諷頌)이라고도 한다. 이를테면 법구경은 산문이 없고 운문으로만 되어 있는 고기송이다.

◆구(句)와 게(偈), 그리고 한시(漢詩)에서의 절구(絶句)와 율시(律詩)

몇 개의 단어가 모여 한 줄의 구(句)를 이루고, 또 이 같은 싯구(詩句) 4개가 모이면 이것을 불교에서는 4구게(四句偈), 세속에서는 한 수(首)의 시(詩)라 이른다.

한시(漢詩)에는 크게 4가지 형식이 존재한다. 바로 오언절구(五言絶句), 오언율시(五言律詩), 칠언절구(七言絶句), 칠언율시(七言律詩)다.

한 절구(絶句; 시 한 줄)가 다섯 글자로 되어 있으면 오언절구(五言絶句), 일곱 글자로 되어 있으면 칠언절구(七言絶句)이다. 중국 당나라 때에 성행하였던 절구는 기(起)·승(承)·전(轉)·결(結)의 네 개의 구로 이루어진다.

율시(律詩)는 한 수(首), 즉 한 편의 시(詩)가 모두 여덟 개의 구절로 이루어져 있는데, 한 구에 사용된 글자 수가 다섯 글자이면 오언율시(五言律詩), 일곱 글자이면 칠언율시(七言律詩)라 한다.

【용어해설】

○영생선선일(營生善善日): 일을 하되 착한 마음으로 하고 쓸데없는 생각을 놓아 버리면 날마다 좋은 날이 되고 때마다 좋은 시간이 되기 때문에 삶을 경영함에 있어서 좋은 날이라고 한 것이다.

○7만7천(七萬七千): 7식을 7각지에 따르게 한 것을 뜻한다.

○사사귀정(捨邪歸正): 부처님의 말씀을 들으면 모두가 마음과 뜻이 풀려 무생법인을 얻게 되어 사를 버리고 정에 돌아가게 되므로 사사귀정(捨邪歸正)이라 하였다.

　사사(捨邪)는 62견의 외도견을 버리는 것이고 귀정(歸正)은 마음이 불도의 바른법에 돌아가는 것이다. 한 생각 깨달으면 모든 사법이 그대로 정법이 되기 때문이다.

○득불법분(得佛法分): 4념처 4정근 4여의족 5근 5력 7각분 8정도 등 37보리분을 말하는데, 이를 통해 6근 6경이 묘색·묘음·향적·법희·법명여래를 형성하기 때문이다.

"… 부처님의 말씀을 듣고 마음이 열리고 뜻이 풀렸다. 그리하여
사도를 버리고 정도로 돌아와 불법을 얻어서 영원히 의혹을 끊고
모두 아뇩다라삼먁삼보리 마음을 내었다." ≪경의 본문 중에서≫

第29分 무애청문분(無礙請問分)

¹무애보살 부백불언 ²세존 일체범부 개이혼구
無礙菩薩이 復白佛言하사대 世尊하 一切凡夫가 皆以婚媾로

위친 선문상의 후취길일 연시성친 ³성친지후
爲親하되 先問相宜하고 後取吉日하여 然始成親이나 成親之後에

부귀해로자소 빈궁생리사별자다 ⁴일종신사 여하
富貴偕老者少하고 貧窮生離死別者多한데 一種信邪로 如何

이유차별 ⁵유원세존 위결중의
而有差別이니잇가 唯願世尊하 爲決衆疑하소서

🕯【본문해설】

　무애보살이 관찰한 바, 사람들이 똑같이 삿된 것을 믿음에도 불구하고 어떤 사람들은 부귀하게 백년해로하는가 하면, 또 어떤 사람들은 빈천하게 살다 이별하기도 한다. 그 차이는 어디에서 비롯되는가? 그 원인은 무엇인가를 묻고 있다.

【용어해설】
○사뢰다: 웃어른에게 말씀을 올리다(←말씀 사(詞))
○일체범부(一切凡夫): 5욕을 식료로 하여 살아가는 평범한 사람들을 말한다.

29분 부귀해로와 빈궁이별하는 원인을 묻다

¹무애보살이 다시 부처님께 사뢰어 여쭙되,

"²세존이시여, 모든 범부가 혼인하려 할 때 먼저 서로 조건이 맞는가를 물어보고 다음에 길일을 택해서 결혼하나이다.

³그러나 결혼한 후에 부귀하고 해로하는 사람은 적고 빈궁하게 살다가 이별하고 사별하는 사람이 많사옵니다.

⁴하온데 이들이 똑같이 삿된 것을 믿거늘 어찌하여 이와 같은 차별이 있나이까?

⁵원하옵건대 세존이시여, 여러 사람의 의문을 풀어주소서."

○선문상의(先問相宜): 서로 마땅함을 묻는다는 것은 피차의 수준이 마땅한 것인지, 즉 말하자면 집안 배경과 재산·직업·학력·건강·인품 등을 묻는 것을 말한다.

○길일(吉日): 좋은 날이란 생기복덕천의일을 말한다. 책력에서는 제사·기복·혼인·건축·개업 등에 길흉을 보는 생기(生氣), 천의(天醫), 절체(絶體), 유혼(遊魂), 화해(禍害), 복덕(福德), 절명(絶命), 귀혼(歸魂)의 8신일(神日)을 들고, 그 중의 최고 길일을 생기·복덕·천의의 일(日)이라 하고 나머지는 보통 할 수 있는 날이라 하였다.

○부귀해로(富貴偕老): 끝까지 제명대로 살되 풍족한 재물과 고귀한 명예를 누리고 사는 것이다.

○신사(信邪): 삿된 것을 믿는다는 것은 요사한 일을 믿어 귀신을 섬기고 점치고 굿하는 것을 말한다. 그런 것을 믿고 행하면 자기의 업력이 아닌데도 그들의 관심 때문에 어떤 때는 예기치 않았던 복이 생기나 어떤 때는 생각지 못했던 화가 오기도 한다.

第30分 천지상도분(天地常道分)

¹불언   선남자   여등제청   당위여설   ²부천양지음
佛言하사대 善男子야 汝等諦聽하라 當爲汝說하리라 夫天陽地陰하며

월음일양   수음화양   남양여음   ³천지기합   일체
月陰日陽하며 水陰火陽하며 男陽女陰이니 天地氣合하여 一切

초목   생언   지월   교운   사시팔절   명언   ⁴수화
草木이 生焉하고 地月이 交運하여 四時八節이 明焉하고 水火

상승   일체만물   숙언   남녀윤해   자손   흥언
相承하여 一切萬物이 熟焉하고 男女允諧하여 子孫이 興焉하나니

⁵개시천지상도   자연지리   세제지법
皆是天地常道요 自然之理며 世諦之法이니라

【본문해설】
　천지팔양신주경 제30분 천지상도분(天地常道分)은 세상 유위법(有爲法)의 이치를
밝힌 곳이다. 양은 밝게 들어나 있는 곳이며, 반대로 음은 그늘진 곳이고 숨어있는
것이고, 모든 것을 은근히 감싸고 보호하는 것이다.

30분 하늘과 땅의 영원불변하는 원리를 설하시다

[1]부처님께서 말씀하시되,

"선남자야, 그대들은 자세히 들으라. 마땅히 그대들을 위하여 설명하리라.

[2]대개 하늘은 양이요 땅은 음이며, 해는 양이요 달은 음이라. 불은 양이요 물은 음이며, 남자는 양이요 여자는 음이니, [3]하늘과 땅의 기운이 합하여 온갖 초목이 생겨나고, 지구와 달이 서로 운행하여 사시와 팔절이 명백히 생기게 되고, [4]물과 불이 서로 어울려 온갖 만물이 무르익고 남자와 여자가 화합하여 자손이 번성하는 것이니, [5]이 모두가 하늘과 땅의 영원불변하는 원리이며 자연의 이치이며 세상의 법이니라.

【용어해설】

○지월교운 사시팔절(地月交運 四時八節): 지구와 달이 태양의 주위를 운행하는데서 4시(四時; 사계절), 즉 봄, 여름, 가을, 겨울이 생기고 팔절(八節; 8절기), 즉 입춘(立春), 춘분(春分), 입하(立夏), 하지(夏至), 입추(立秋), 추분(秋分), 입동(立冬), 동지(冬至)의 절후(節侯)가 생긴다.

  과거 과학에 어두웠던 옛날사람들이 천동설을 믿고 태양과 달이 지구 주위를 운행하는 것으로 잘못 알고 있었던 점을 지동설로 고쳐, 지구와 달이 태양의 주위를 운행함으로써 사시팔절이 일어나는 것으로 바로잡았다. 그리하여 진리를 다루는 경임에도 아직까지도 버젓이 실려 있는 '일월교운(日月交運)'이라는 심각한 오류를 이 경에서 지월교운(地月交運)으로 수정하였다. 부처님의 깨우침이 계셨다.

○수화상승(水火相承): 물과 불이 서로 어울려 영향력을 주어 만물이 자라고 성숙하고 열매 맺게 한다.

○남녀윤해 자손흥언(男女允諧 子孫興焉): 남자와 여자가 서로 화합하여 아들과 딸을 낳아 자손이 번성하게 된다. 이것은 억지로 되는 것이 아니라 서로 인이 되고 연이 되어 이루어지는 것이다.

○세제지법(世諦之法): 하늘의 상도와 자연의 이치도 영원이 변치 않고 존재하는 것이 아니라 끊임없는 음양의 영향력에 의해 항상 그 모습과 작용이 달라지므로 세상의 법이라 한다.

第31分 우인사신분(愚人邪信分)

[1]선남자 우인 무지 신기사사 복문망길 이불수선
善男子야 愚人은 無智하여 信其邪師하며 卜問望吉하여 而不修善하고

조종종악업 [2]명종지후 부득인신자 여지갑상토
造種種惡業하다가 命終之後에 復得人身者는 如指甲上土하고

[3]타어지옥 작아귀축생자 여대지토 [4]선남자 부득인신
墮於地獄하여 作餓鬼畜生者는 如大地土니라 善男子야 復得人身한

정신수선자 여지갑상토 [5]신사조악업자 여대지토
正信修善者도 如指甲上土하고 信邪造惡業者는 如大地土니라

31분 어리석은 사람을 깨우치시다

¹선남자야, 어리석은 사람은 지혜가 없어 삿된 스승을 믿고 점을 쳐서 길하기를 바라면서 선행은 닦지 않고 여러 가지 악업만 짓느니라.

²그러다가 죽은 후에 다시 사람으로 태어나는 자는 마치 손톱에 낀 흙과 같이 적고 ³지옥에 떨어져 아귀가 되거나 축생이 되는 자는 마치 대지의 흙과 같이 많으니라.

⁴선남자야, 다시 사람으로 태어난 이들도 바른 일을 믿고 착한 일을 하는 사람은 마치 손톱에 낀 흙과 같이 적으나 ⁵나쁜 도를 믿고 악업을 짓는 자는 마치 대지의 흙과 같이 많으니라.

【용어해설】

○사사(邪師): 삿된 스승이란 사람들을 부처님의 정법으로 인도하여 선업을 짓도록 하는 것이 아니라 갖가지 삿된 가르침과 점술과 방편 따위로 화(禍)만 피하고 복만 구하게 하는 자이다.

○복문(卜問): 점을 보는 것.

○여지갑상토(如指甲上土): 指(손가락), 甲(손톱), 上(윗 상), 土(흙 토), 즉 손톱 위의 흙이나 손톱에 낀 흙처럼 극히 적다는 뜻이다.

○신사조악업자 여대지토(信邪造惡業子 如大地土): 삿된 도를 믿고 삿된 마음으로 악을 짓는 자는 대지의 흙처럼 많다. 그러니 사람은 항시 선을 행하고 계를 지켜 5욕락에 빠지지 않아야 한다. 왜냐하면 한 생각에 화를 내면 즉시 지옥을 이루고, 한 생각 가운데서 탐욕을 부리면 아귀가 되고, 한 생각 가운데 어리석음을 행하면 즉시 축생보가 형성되기 때문이다.

第32分 선상인연분(善相因緣分)

[1]선남자 욕결혼친　　막문수화상극　포태상압　연명부동
善男子야 欲結婚親인댄 莫問水火相剋과　胞胎相壓과 年命不同하고

[2]유간녹명서　　즉지복덕다소　　이위권속　　[3]호영지일
唯看祿命書하여 卽知福德多少하여 以爲眷屬하고 呼迎之日에

즉독차경삼편　　이이성례　　[4]차내선선상잉　　명명상속
卽讀此經三遍하여 而以成禮하면 此乃善善相仍하고 明明相續하여

문고인귀　　[5]자손흥성　　총명이지　　다재다예　　효경
門高人貴하며 子孫興盛하며 聰明理智하고 多才多藝하며 孝敬

상승　　심대길리　　이부중요　　[6]복덕구족　　개성불도
相承하고 甚大吉利하여 而不中夭하며 福德具足하고 皆成佛道하리라

🕯️【용어해설】

○수화상극(水火相剋): 금·목·수·화·토 5행의 상생 상극을 말한다. 부부가 타고난 띠를 금·목·수·화·토 5행으로 변환하여 맞추어 봄으로써 서로가 상생인지 상극인지 띠 궁합의 길흉을 판단하는 방법이다.

○포태상압(胞胎相壓): 포와 태가 서로 누른다는 것은 포(胞: 자궁)과 태(胎; 태아)가 서로 누른다는 격이니 임신이 잘 안된다거나 자식이 없을 격이라는 뜻이다.

○연명부동(年命不同): 나이와 수명이 같지 않음.

32분 이 경을 읽고 성례하면 크게 길하리라

¹선남자야, 결혼을 하려고 할 때에 수화가 상극이 된다고 하거나 임신이 잘 안된다고 하거나 나이와 수명이 맞지 않는다고 따지지 말고 ²다만 녹명서를 보아 곧 복덕이 많고 적음을 알 수 있으니 그것으로 권속으로 삼고 ³친영하는 날에 이 경을 세 번 읽고 성례하라.

⁴그리하면 좋은 일들이 항상 지속되고 밝고 밝은 것이 서로 이어져 가문은 높아지고 사람은 귀히 되며 ⁵자손은 흥성하고 총명하고 지혜롭고 재주 있고 솜씨 좋고 효도하고 공경함이 대대로 이어져 크게 길하고 이로울 것이며 명이 짧아서 요절하는 일이 없으며, ⁶복덕이 풍성하고 모두 불도를 이루리라."

○호영지일(呼迎之日): 불러 맞이하는 날, 즉 친영(親迎; 신랑이 신부를 맞이하는 일)하는 날이다. 옛날 혼인 육례(六禮)의 하나로, 신랑이 신부 집에 가서 예식을 올리고 신부를 맞아오는 예를 말한다.
○녹명서(祿命書): 사주책. 유학자가 궁리(窮理), 즉 어떤 일의 이치(理致)를 깊이 연구(研究)할 때 보는 책이라고 하지만 실제로는 수명과 부귀복덕을 보는 사주책이라고 한다. 또는 북두칠성연명경이라고도 하는데, 여기에서도 인간의 수명과 부귀복덕을 말하여주고 있기 때문이다.
칠성연명경(七星延命經)은 인간의 수명과 부귀를 관장하는 북두칠성[칠성님]께 수명과 자손을 비는 경문)을 말한다. 이 책을 보면 복이 있는지 없는지, 부귀할 것인지 아닌지를 안다.
그러나 그것을 본다고 다 복 있고 귀한 사람을 만나는 것은 아니다. 복이 없어 빈천한 사람을 만나더라도 이 경을 두 번 세 번씩 읽으면서 더욱 더 복을 짓고 귀한 일을 하면 잘 살 수 있고 귀하게 될 수 있다는 것을 믿고 복과 지혜를 닦음으로써 현세는 더 말할 것도 없거니와 내세나 자손들에게까지도 잘 될 수 있으므로 개성불도(皆成佛道; 모두 다 불도를 이룸)하리라고 한 것이다.

◆역학에서의 수화상극(水火相剋)

금·목·수·화·토 5행의 상생 상극을 말한다. 역학에서는 60 갑자를 금·목·수·화·토의 5행으로 나누고, 부부가 타고난 띠를 오행으로 변환하여 맞추어 봄으로써 서로가 상생인지 상극인지 띠 궁합의 길흉을 판단하는 방법이다.

甲子乙丑 海中金	丙寅丁卯 爐中火	戊辰己巳 大林木	庚午辛未 路傍土
壬申癸酉 劍鋒金	甲戌乙亥 山頭火	丙子丁丑 澗下水	戊寅己卯 城頭土
庚辰辛巳 白鑞金	壬午癸未 楊柳木	甲申乙酉 泉中水	丙戌丁亥 屋上土
戊子己丑 霹靂火	庚寅辛卯 松柏木	壬辰癸巳 長流水	甲午乙未 沙中金
丙申丁酉 山下火	戊戌己亥 平地木	庚子辛丑 壁上土	壬寅癸卯 金箔金
甲辰乙巳 覆燈火	丙午丁未 天河水	戊申己酉 大驛土	庚戌辛亥 釵釧金
壬子癸丑 桑栢木	甲寅乙卯 大溪水	丙辰丁巳 沙中土	庚午己未 天上火
庚申辛酉 石榴木	壬戌癸亥 大海水		

◉男金女金: 길흉이 많으니 빈한한 상이라 부부의 정이 없고 자손은 창성하나, 정이 없으며 형제 불화하고 패가망신하리라.

◉男金女木: 금극목하니 만사에 구설이 분분하도다. 패망지격이요. 자손이 불화하고 가도가 쇠잔하여 재물이 궁핍하리라.

◉男金女水: 금생수하니 부귀복록이 많고 가도가 넉넉하고 자손이 영귀하여, 명망이 높으며 부부간에 금실이 중하리라.

◉男金女火: 화극금이니 백년을 근심할 격이라 재산이 점점 사라질 것이요, 부부 이별수가 있고 자손운도 불길하리라.

◉男金女土: 금토가 상생하니 부귀공명지격이로다. 자손이 번성하고 노비와 전답이 즐비하여 거룩한 이름이 진동하리라.

◉男木女金: 금극목하니 불길하다. 부부가 해로하기 어렵고 일생곤궁하며 자손이 창성치 못하고 재앙이 간간이 침노하리라.

◉男木女木: 평생에 길흉이 상반한다. 부부 화락하여 생남생녀하고, 간간이 성패수로 재물은 모으지 못하나 궁색은 면하리라.

◉男木女水: 수생화목하니 부부 금실이 지극하도다. 자손이 효도하고 친척이 화목하며 복록이 무궁하여 부귀장수하리라.

⊙男木女火: 목생화하니 자손이 만당하고 금실이 화락하도다. 일생을 금의옥식할 것이오, 만인의 숭앙을 받게 되리라.

⊙男木女土: 목극토하니 부부 금실이 불화하도다. 친척이 불목하고 자손이 불효하며 패가 망신하리라.

⊙男水女金: 금생수하니 부귀 혼연하도다. 친척이 불목하고 자손이 불효하며 패가망신하리라.

⊙男水女木: 금생수하니 부귀 혼연하고 자손이 창성하며 생애가 족하고 친척이 화목하여 노비와 전답이 많으리라.

⊙男水女水: 양수가 상합하니 재산이 흥왕하며 영화가 무궁하고 공명을 얻고 자손이 만당하니 일생이 태평하리라.

⊙男水女火: 수화가 상극하니 부부가 불합하고 자손이 불효하며 일가친척이 화목치 못하여 자연히 패가하리라.

⊙男水女土: 수토가 상극하니 금실이 불화하고 자손이 불효하여 가도가 자연 패하고 재물이 부족하며 부부 이별하리라.

⊙男火女金: 화극금하니 매사가 막히고 자손 궁이 극히 귀하도다. 인륜이 어지러워지고 재물이 흩어지리라.

⊙男火女木: 목화생하니 만사대길하도다. 부부가 화합하고 자손이 효도하며 부귀의 이름이 사방에 진동하리라.

⊙男火女水: 만사대흉, 상처수도 없지 않다. 일가친척이 불화하고, 재물도 없다. 그러나 최선을 다하여 부부화합하면 무엇이 두려우리오.

⊙男火女火: 길한 일보다 흉한 일 많다. 재물이 흩어지고, 부부불화로 자손은 논다. 화재를 조심하라. 지성이면 감천일 수 있다.

⊙男火女土: 부부 화합하여 자손창성, 재물이 풍족하니 일생 근심 없다. 부귀복록 자래, 명성이 사해에 떨치고 만사대길.

⊙男土女金: 부부 해로하여 자손창성하고 부귀공명이 겸전하니 경제적으로 부유할뿐더러 일가화순하고 근심걱정이 하나도 없다.

⊙男土女木: 목극토하니 부부 불화하고 관재 구설이 따르며 집이 비록 부유하나 재물이 사라지고 근심이 중중하리라.

⊙男土女水: 토극수하니 자손이 비록 있어도 동서로 흩어질 것이오, 부부간에 생이별하고 가업도 쇠잔하리라.

⊙男土女火: 화생토하니 부부간에 금실이 좋고 자연 치부하여 재물이 산과 같고 효자효부를 두어 안과 밖이 태평하리라.

⊙男土女土: 양토가 상합하니 자손이 창성하고 부귀할 격이로다. 금의옥식에 고루거각에 앉아 태평세월하리라.

그러나 상극인 가운데에도 상생의 원리가 있으니, 金은 火를 꺼리나 단 沙中金·劍鋒金은 火를 만나야 형체를 이루고, 火는 水의 克을 꺼리나 단 霹靂火·天上火·山下火는 水를 얻어야 福祿이 이르고, 木은 金의 克을 꺼리나 단 平地木은 金이 없으면 榮華를 얻지 못하고, 水는 土의 克을 꺼리나 단 天河水. 大海水는 土를 만나야 자연히 亨通하고, 土는 木의 克을 꺼리나 단 路傍土·大驛土·沙中土는 木이 아니면 平生이 不幸하다.

第33分 보살명호분(菩薩名號分)

[1]시　　유팔보살　　승불위신　　득대총지　　[2]상처인간
時에　有八菩薩이　承佛威信하여　得大總持하며　常處人間하여

화광동진　　[3]파사입정　　도사생처팔해　　이불자이
和光同塵하고　破邪立正하며　度四生處八解하되　而不自異하니

[4]기명왈
其名曰

[5]발타라보살누진화　　나린갈보살누진화
跋陀羅菩薩漏盡和며　羅隣渴菩薩漏盡和며

[6]교목도보살누진화　　나라달보살누진화
憍目兜菩薩漏盡和며　那羅達菩薩漏盡和며

[7]수미심보살누진화　　인저달보살누진화
須彌深菩薩漏盡和며　因抵達菩薩漏盡和며

[8]화륜조보살누진화　　무연관보살누진화
和輪調菩薩漏盡和며　無緣觀菩薩漏盡和니라

33분 부처님의 위신으로 사생을 제도한 8보살

[1]그때 여덟 보살이 부처님의 위신을 받아 대다라니를 얻고도 [2]항상 인간 세상에 머무르면서 밝은 광명을 드러내지 않고 세속의 번뇌중생과 함께 하면서 [3]사도를 파하고 정도를 세우며 사생을 제도하고 해탈에 있으면서도 남들과 달리하지 아니하니, [4]그 명호는 이러하니라.

[5]발타라보살누진화　나린갈보살누진화
[6]교목도보살누진화　나라달보살누진화
[7]수미심보살누진화　인저달보살누진화
[8]화륜조보살누진화　무연관보살누진화

○팔보살 누진화(八菩薩 漏盡和): 8대보살은 발타라 보살, 나린갈 보살, 교목도 보살, 나라달 보살, 수미심 보살, 인저달 보살, 화륜조 보살, 무연관 보살을 말한다.

안식(眼識)이 뒤집어져 묘관찰지(妙觀察智)를 형성함으로써 안근과 색견이 화합하여 타락 없는 지혜의 성품을 형성한 것이니 그 이름을 누진화(漏盡和; Transcendental Harmony)라 한다.

「누진(漏盡)」이란 번뇌 망상의 흐림으로 잘못되는 것이 없는 것이고 「화(和)」란 적지적소에서 적당한 깨달음을 형성하여 일체의 모든 색과 화합 자조하는 것이다.

①발타라보살(跋陀羅菩薩): 오백나한의 명호(五百羅漢 名號) 중 제206 발다라 존자(鉢多羅 尊者)이기도 하다.

②나린갈보살(羅隣渴菩薩): 이식(耳識)이 묘음성지(妙音聲智)를 형성하여 소리에 누진화가 된 것이다.

③교목도보살(憍目兜菩薩): 비식(鼻識)이 묘향당지(妙香幢智)를 형성하여 냄새에 화합한 것이다.

④나라달보살(那羅達菩薩): 설식(舌識)이 법희지(法喜智)를 형성하여 미진(味塵)에 합한 것을 말한다. 오백나한(五百羅漢) 중 제389 나라달 존자(那羅達 尊者)이기도 하다.

⑤수미심보살(須彌深菩薩): 신식(身識)이 묘색신지(妙色身智)를 형성하여 촉진(觸塵)에 화합함으로써 보살도를 실천하는 것을 말한다.

⑥인저달보살(因抵達菩薩): 의식(意識)이 성소작지(成所作智)를 형성하여 법진(法塵)과 합한 것을 말함.

⑦화륜조보살(和輪調菩薩): 제7식이 평등성지(平等性智)를 형성하여 견분(見分), 상분(相分)과 화합한 것.

⑧무연관보살(無緣觀菩薩): 제8식이 대원경지(大園境地)를 형성하여 3계 만법과 화합함으로서 보살도를 실천하는 것이다.

♣ 발타라보살 마하살,
오백나한 중 제206 발타라존자

♣ 나라달보살 마하살,
오백나한 중 제389 나라달존자

그러므로 이 8보살은 곧 8식의 전화(轉化)에 의한 불도수행의 장(場)을 형성한 것이니 이것이 이른바 불교의 즉신성불이다. 8식이 8지보살로 변화하면 그 위신이 말로 표현할 수 없다. 눈은 색을 보는데 오류가 없고, 귀는 소리를 듣는데 잘못이 없으며, 이렇게 코와 냄새, 혀와 맛, 생각과 사상 등에 미사(迷邪)가 없으면 보고 듣고 하는 일마다 모르는 것 없이 다 알기 때문에 대총지(大總持)를 형성하여 항상 인간에 화하면서 화광동진한다고 한 것이다.

○화광동진(和光同塵): 부처님이 중생을 구제하기 위하여 그 본색을 숨기고 인간계(人間界)에 나타나심을 이르는 말. 빛을 드러내지 않고 늘 번뇌 중생의 세계와 영합한다는 말이다. 그러나 그 빛은 번뇌 중생이 합한다 하여 물들거나 잘못되지 않는 까닭에 파사입정(破邪立正; 사를 파하고 정을 내세우는 것)이다. 그래서 도사생처팔해(度四生處八解; 4생을 제도하고 8해탈을 얻음)하게 하는 것이다.

화광동진(和光同塵)의 문자 그대로의 뜻을 보자면, '화광(和光)'은 빛을 감추고 부드럽게 한다는 뜻이고 '동진(同塵)'은 속진(俗塵)에 섞인다는 뜻이다. 다시 말해, 자기의 뛰어난 지덕(智德)과 재기(才氣)를 드러냄 없이 감추고 세속(世俗)의 티끌, 즉 세속의 사람들 속에 묻혀 같이한다는 뜻이다.

도교에서 화광동진(和光同塵)은 《노자(老子)》제56장에 나오는 구절로, 자기의 지혜와 덕을 밖으로 드러내지 않고 속인과 어울려 지내면서 참된 자아를 보여준다는 뜻이다.

○사생(四生): 4생이란 중생들의 4가지 출생, 출현 방식으로, 난생(卵生)·태생(胎生)·습생(濕生)·화생(化生)을 말한다. 난생은 알에서 태어나는 것(물고기. 조류. 파충류 등)이고, 태생은 태에서 태어나는 것(사람, 짐승 등). 습생은 습기와 땀에서 생기는 것(곰팡이, 이, 지렁이 등). 화생은 변화해서 생기는 것으로 정신적, 영적인 세계, 내생에서의 초현실적 탄생을 뜻한다.

「난생」은 어리석음으로 인하여 모든 업을 지어 타락하게 되고, 「태생」은 습성 때문에 어머니의 태 속에 유전하는 것이고, 「습생」은 삿된 마음 때문에 마음이 부정(不定)하고, 「화생」은 보이는 것에 잘못 빠져 들어감으로써 타락하는 것이다. 중생은 이 네 개의 마음(迷·闇·邪·趣性) 때문에 4생에 유전하게 되므로 4생이라 부른다.

○팔해(八解): 8해탈은 여덟 가지 얽힘으로부터 벗어난 대자유의 경지를 말한다. 즉 8종의 관념에 의한 5욕 탈락을 등지고 해탈을 얻는 것을 말한다.

첫째는 내유색상관외색해탈(內有色想觀外色解脫)이니 안으로 색욕을 탐하는 생각이 있으므로 이 탐심을 없애기 위하여 밖으로 부정관(不淨觀)을 하는 것이다.

둘째는 내무색상관외색해탈(內無色想觀外色解脫)이니 안으로 색욕을 탐내는 마음은 이미 없어졌지만 이것을 더욱 굳게 하기 위하여 부정관을 닦아 다시 탐욕을 일으키지 않는 것이다.

셋째는 정해탈신작동구족주(淨解脫身作證具足住)이니 깨끗한 색을 관하여 탐심을 일으키지 않는 것으로 「정해탈을 삼아 해탈이 몸 안에 가득 차 선정에 들게 되면 「신작증구족주」가 되는 것이다.

넷째는 공무변처해탈(空無邊處解脫), 다섯째는 식무변처해탈(識無邊處解脫), 여섯째는 무소유처해탈(無所有處解脫), 일곱째는 비상비비상처해탈(非相非非想處解 脫)이니, 이 넷은 각각 능히 그 아랫자리의 탐심을 버림으로써 해탈을 얻은 것이고, 여덟째 멸수상정해탈신작증구족주(滅受想定解脫身作證具足住)는 수·상(受想) 등의 마음을 싫어하여 멸진정(滅盡定; 산스크리트 nirodha-samapatti/니로다 사마파티), 즉 모든 마음 작용이 소멸된 무심의 경계에 들어가 몸과 마음에 대자유가 꽉 찬 것을 말한다.

○이불자이(而不自異): 대자유 해탈은 본래 제 자성에 꽉 차 있는 것이므로 비로소 깨달아 증명한 시각(始覺)이 본각성(本覺性)과 다름이 없게 되므로, 이불자이(而不自異; 자신을 남들과 다르지 않게 보다)라고 한 것이다.

그래서 이상의 8보살을 유의(有意)·선의(善意)·무량의(無量意)·보의(寶意)·증의(增意)·제의의(除議意)·향의(響意)·법의(法意)로 해설하기도 한다. 묘한 마음이 본래 공하면 묘한 뜻이 생기므로 「유의」이고, 그 뜻에 불선이 없으면 「선의」가 되며, 그 선의는 우리의 생각으로는 헤아릴 수 없으므로 「무량의」가 되고, 그 무량한 마음이 가는 곳마다 이익을 주므로 「보의」가 되고, 보의가 경계에 따라 덕을 붙어나게 하므로 「증의」, 그 마음이 일체 무명과 의심을 없애므로 「제의의」, 응물현현담지월(應物顯現潭應月) 하므로 「법의」라 하는 것이다.

第34分 호지신주분(護持神呪分)

¹시　팔보살　구백불언　　²세존　아등　어제불소　수득
時에　八菩薩이　俱白佛言하사대　世尊하　我等이　於諸佛所에　受得

다라니신주　　³이금설지　　옹호수지독송천지팔양경자
陀羅尼神呪하오니　而今說之하여　擁護受持讀誦天地八陽經者하여

영무공포　　⁴사일체불선지물　　부득침손독경법사
永無恐怖케　하고　使一切不善之物로　不得侵損讀經法師케　하리니다

⁵즉어불전　이설주왈
即於佛前에　而說呪曰

⁶아거니　니거니　아비라　만례　만다례
阿佉尼　尼佉尼　阿毘羅　曼隷　曼多隷

🕯️【본문해설】

　이곳 제34분 호지신주분(護持神呪分)에서는 8보살이 다라니 신주로써 이 경을 읽고 외우는 이를 보호하며, 그러므로 이 경을 읽는 자는 8식이 견고하게 되어 번뇌의 침범을 받지 않고 지혜가 명달하여 무명의 역습으로부터 몸과 마음을 잘 보호하게 됨을 밝히고 있다.

34분 팔보살이 신주로 경 수지독송자를 보호하다

¹이때 팔보살이 다 같이 부처님께 사뢰되,

"²세존이시여, 저희들이 여러 부처님들이 계신 곳에서 다라니 신주를 받았사온데 ³지금 이제 그것을 설하여 『천지팔양신주경』을 받아 지니고 읽고 외우는 사람을 옹호하여 영원토록 두려움이 없게 하고 ⁴또 온갖 나쁜 것들이 이 경을 읽는 법사들을 침범하지 못하도록 하겠나이다" 하고 ⁵곧 부처님 앞에서 주문을 외우니 이러하니라.

⁶「아거니 니거니 아비라 만례 만다례」(세 번)

【용어해설】

○제불(諸佛): 여러 부처님은 과거세(장엄겁) 천불, 현재세(현겁) 천불, 그리고 미래세(성숙겁) 천불을 총칭하는 말이지만, 눈에 보이는 모든 것을 그대로 부처님으로 본 것이다.

○신주(神呪): 진언(眞言)이고 비밀주이다. 다라니 비밀진언

○영무공포(永無恐怖): 영원히 공포가 없어짐은 색·수·상·행·식의 고통과 액운이 다한 것이다.

○일체불선지물(一切不善之物): 50종 마사(魔事)와 객진 번뇌가 범접하지 않는 것이다.

○법사(法師): 3계 대도사이다. 3계의 중생을 고통의 세계에서 무고안온(無故安穩)한 세계로 인도하는 교법사이니 위의에 결함이 없고 3계에 모범이 되는 자를 법사라 한다.

그 법사를 괴롭히는 마군, 불선한 것들이 독경법사를 침해하지 못하게 하겠다고 한 것이다.

○ 아거니 니거니 아비라 만례 만다례

　Akhani Nikasi Avira Prani Manthara

[아카니 니카시 아비라 프라니 만타라] (재앙을 가져오는 일곱 귀신의 이름을 부르나니 물렀거라!)

국내최초 해석 및 상세해설은 ≪신묘장구대다라니는 힌두교 신 예찬문인가?, 법진·이원일 공저 참조≫

第35分 방해자복분(妨害者復分)

[1]세존   약유불선자   욕래뇌법사   [2]문아설차주   두파
世尊하 若有不善者가 欲來惱法師라도 聞我說比呪하면 頭破

작칠분   여아리수지
作七分하여 如阿梨樹枝이니이다

♣ arjaka tree (아리수; Ocimum gratissimum)

🕯️【본문해설】

　이곳에서는 아리수 나무(阿梨樹; arjaka tree; 실제로는 초본식물) 가지가 꺾여 땅에 떨어지면 대개 일곱 조각으로 쪼개진다는 인도의 설화에서 연유하여 '경을 설하는 법사를 방해하면 머리가 일곱 조각으로 쪼개지게 하리라'고 그 죄과를 경고하고 있다.

35분 이 경을 설하는 법사를 방해하지 말지어다

"[1]세존이시여, 만약 어떤 나쁜 사람이 법사에게 와서 괴롭히려 할 때 [2]저희들이 말한 이 주문을 들으면 머리가 일곱 쪽으로 깨어져 마치 아리수나무 가지같이 되게 하리이다."

이어서 *10명의 나찰녀羅刹女; female rakshasas와 귀자모신鬼子母神; Hariti/하리티; the Baby Snatcher/유아유괴범과 그 일족이 부처님 앞에 나타나 이구동성으로 법화경의 행자를 수호하기를 맹세하고 다라니주를 외웠다. 그리고 말하였다.

"어떠한 악마가 나타나도, 비록 그것이 꿈속일지라도 법화경 설법자를 괴롭히는 일이 없도록 하겠사옵니다. 만일 이 다라니주(dharani)를 따르지 않고 설법자를 괴롭히는 자는 *아리수(阿利樹; arjaka tree(Skt.); basil)의 나뭇가지처럼 머리가 7개로 갈라질 것이옵니다."

♣ ≪법화경과 신약성서, 민희식·법진·이원일 공저, 제26장 다라니품에서 발췌≫

第36分 명호청문분(名號請問分)

[1]이시　무변신보살　즉종좌기　　전백불언　　[2]세존
爾時에　無邊身菩薩이　即從座起하여　前白佛言하사대　世尊이시여

운하명위천지팔양(신주)경　　　[3]유원세존　　위제청중
云何名爲天地八陽(神呪)經이니잇고　唯願世尊은　爲諸聽衆하여

해설기의　　[4]영득각오　　속달심본　　입불지견　　영단
解說其義하사　令得覺悟하여　速達心本하고　入佛知見하여　永斷

의회
疑悔케　하소서

♣ 무변신보살

110

36분 천지팔양신주경 경 이름의 뜻을 여쭙다

¹그때 무변신보살이 자리에서 일어나 부처님 앞으로 나와 여쭙되,

"²세존이시여, 어찌하여 이 경의 이름을 『천지팔양신주경』이라 하옵니까?

³세존이시여, 원하옵건대 모든 청중들을 위해 그 뜻을 말씀하셔서 ⁴청중들이 깨달음을 얻고 속히 마음의 근본에 도달하고 부처님의 지견에 들어가 영원히 의심을 끊게 하옵소서."

🕯【용어해설】

○무변신보살(無邊身菩薩): 법신무변의 보살이다. 튼튼한 육신과 장엄한 색신을 가지고 한 개 무위진인의 무량한 몸을 나투는 능력을 가진 보살이므로 무변신보살이라 한다.

○즉종좌기(卽從座起): 이 「자리에서 일어나」에서의 자리란 법공좌를 말한다. 그 자리로부터 사자좌가 만들어지고 연화좌가 만들어졌으며 길상의 보리좌와 금강보좌가 형성되었기 때문이다.

○해설기의(解說其義): 백천삼매 무량묘의가 들어있는 그 경의 뜻을 해설함을 말한다.

○불지견(佛知見): 제법실상(諸法實相)의 이치를 깨닫고 비추어 보는 부처님의 지혜이다. 모든 부처님이 이 세상에 오신 까닭은 중생으로 하여금 이 부처님의 지견(知見)을 얻게 하기 위한 것이다.

○입불지견 영단의회(入佛知見 永斷疑悔): 불지견을 얻으면, 즉 마음을 깨달으면 다시 의심이 없게 되므로 영원히 의심을 끊게 된다고 한 것이다. 왜냐하면 이 세상의 모든 실상은 역시 불지견에 의하여 나타나는데 그 나타난 실상은 법화경의 10여시가 기본이 되기 때문이다.

第37分 명호해설분(名號解說分)

[1]불언　　선재선재　[2]선남자　여등　제청　　오금위여
佛言하사대 善哉善哉라 善男子야 汝等은 諦聽하라 吾今爲汝하여

분별해설천지팔양지경　　　[3]천자　양야　지자　음야
分別解說天地八陽之經하리라 天者는 陽也요 地者는 陰也며

팔자　분별야　양자　명해야　[4]명해대승무위지리　요능
八者는 分別也요 陽者는 明解也니 明解大乘無爲之理하여 了能

분별팔식인연　공무소득
分別八識因緣이 空無所得이니라

[5]우운팔식　위경　양명　위위　경위상투　이성경교
又云八識은 爲經하고 陽明은 爲緯니 經緯相投하여 以成經敎라

고　명팔양경　[6]팔자 시팔식　육근 시육식　함장식
故로 名八陽經이니라 八者는 是八識이니 六根이 是六識이요 含藏識과

아뢰야식　시명팔식
阿賴耶識이 是名八識이라

37분 경의 명호를 8식으로 분별하여 해설하시다

¹부처님께서 말씀하시되,

"좋도다, 좋도다! ²선남자야, 그대들은 자세히 들으라. 내 그대들을 위하여 『천지팔양(신주)경』의 명호를 분별하여 설명하리라.

³천은 양이고 지는 음이며, 팔은 분별이고 양은 분명히 안다는 뜻이니, ⁴대승의 하염없는 이치를 분명히 알아서 팔식 인연이 공하여 얻을 것이 없음을 능히 분별하는 것이니라.

⁵또한 팔식은 날줄이 되고, 양명은 씨줄이 되어 날줄과 씨줄이 서로 엮어져서 경전을 이룬 까닭에 『팔양경』이라 하느니라. ⁶팔은 팔식이니 육근은 육식이요, 함장식과 아뢰야식을 팔식이라 하느니라.

🕯【본문해설】

8양경의 경계는 8식 소변이다. 이 세상 천 가지 만 가지 경계가 있지만 알고 보면 모두가 8식에 나타난 그림자에 불과하다. 대승은 소승에서 보면 마음이 여덟 가지로 나누어지나 대승에서 보면 그 여덟 가지 마음이 똑 같은 한 마음이므로 일체의 낱낱의 사물들이란 결국은 일심 밖에 존재함이 없는 것을 대승이라 한다.

또한 대승은 하염없는 마음(無爲心)이 기초가 되어 3계 25심과 4제 12인연의 법을 만들고 있으므로 그 인연을 따지고 보면 공하여 얻을 것이 없으므로 공무소득(空無所得)이라 한 것이다.

113

[7]명료분별 팔식근원 공무소유   즉지양안 시광명천
明了分別 八識根源이 空無所有하면 即知兩眼은 是光明天이니

광명천중 즉현일월광명세존   [8]양이 시성문천   성문
光明天中에 即現日月光明世尊이요 兩耳는 是聲聞天이니 聲聞

천중 즉현무량성여래 [9]양비 시불향천   불향천중
天中에 即現無量聲如來며 兩鼻는 是佛香天이니 佛香天中에

즉현향적여래 [10]구설 시법미천   법미천중 즉현법희
即現香積如來며 口舌은 是法味天이니 法味天中에 即現法喜

여래 [11]신 시노사나천   노사나천중 즉현성취노사나
如來며 身은 是盧舍那天이니 盧舍那天中에 即現成就盧舍那

불 노사나경상불 노사나광명불 [12]의 시무분별천
佛과 盧舍那鏡像佛과 盧舍那光明佛이며 意는 是無分別天이니

무분별천중 즉현부동여래대광명불 [13]심 시법계천
無分別天中에 即現不動如來大光明佛이며 心은 是法界天이니

114

^{7}팔식의 근원이 공하여 있는 것이 없음을 분명히 분별하여 알면 즉시 두 눈이 광명천임을 알 것이니 광명천 가운데 곧 일월광명의 세존이 나타나고, ^{8}두 귀는 성문천이니 성문천 가운데 곧 무량성여래가 나타나며, ^{9}두 코는 불향천이니 불향천 가운데 곧 향적여래가 나타나며, ^{10}입과 혀는 법미천이니 법미천 가운데 곧 법희여래가 나타나고, ^{11}몸은 노사나천이니 노사나천 가운데서 곧 성취노사나불과 노사나경상불과 노사나광명불이 나타나고, ^{12}뜻은 무분별천이니 무분별천 가운데 곧 부동여래대광명불이 나타나고, ^{13}마음은 법계천이니

이 세상 모든 존재는 마치 시간과 공간이라는 씨줄과 날줄사이에 수놓아진 그림자와 같은 것으로, 이 씨줄과 날줄에 정신과 물질이 업력을 부착시켜 자기의 세계를 나타내고 있다. 이 씨줄과 날줄이 어떻게 나타나는가? 를 능엄경에서는 「空生大覺中에 如海一遍發」이라 하였고, 원각경에서는 「가없는 허공가운데서 깨달은 경계가 갑자기 나타났다」라고 하였다.

씨줄과 날줄이 합한다고 하는 것은 진(眞)과 망(妄)이 결합되는 것이다. 진도 아니고 망도 아닌 것을 아뢰야식이라 부르는데, 이 아뢰야식 가운데서 3계 25유의 세계가 전개된다. 그러나 여기서 망식(妄識)이 공하여 본래 상태로 돌아가면 그것을 일러 대원경지가지주불(大圓鏡智加持主佛)이라 하고 자성무애보살(自性無碍菩薩)이라 한다.

그러므로 팔양경은 대원불에 나타난 무애보살의 행을 경이라는 이름으로 표현해 본 것이다. 보현보살이 이 마음에 합한 것이 화엄경이고 문수보살이 이 마음에 합한 것이 반야경이며 관세음보살이 이 마음에 합한 것이 대비경이다. 지장보살은 이 마음속에서 지장경을 설하였고 대혜는 이 마음속에서 능가경을 설하였으며 금강장은 원각경을 설하였고 가섭존자는 열반경, 아난은 능엄경, 미륵은 3부경, 사리불은 법화경, 교진여는 아함경, 목건연은 목련경, 아니루타는 42장경, 부루나는 미타경을 각각 설하여 8만4천 경전이 된 것이니 알고 보면 모두가 이 8양의 법칙을 설한 것이다. 그러므로 이름을 8양경이라 한 것이다.

법계천중　즉현공왕여래　¹⁴함장식천　연출아나함경　대반

法界天中에　卽現空王如來며　含藏識天에　演出阿那含經과　大般

열반경　　아뢰야식천　연출대지도론경　유가론경

涅槃經이며　阿賴耶識天에　演出大智度論經과　瑜伽論經이니라

¹⁵선남자　불즉시법　　법즉시불　　합위일상　즉현대통

善男子야　佛卽是法이요　法卽是佛이니　合爲一相하여　卽現大通

지승여래

智勝如來니라

　다음에 거듭 8식 18계를 든 것은 6근의 성불경위를 밝힌 것이다.

　두 눈 가운데서 왼쪽의 근본부동지불이 나타나면 월광세존이 되며 오른쪽의 후득지가 나타나면 일광세존이 되며, 이 두 지혜가 한꺼번에 광명을 놓아 법계를 비추면 일월광명세존이 된다.

　귀도 마찬가지다. 왼쪽 귀에 정청지(靜聽智)가 열리면 부동존불이 되고 오른쪽 귀에 동청지(動聽智)가 열리면 약사불이 된다. 이 두 부처님이 3세에 간단없이 작용을 하면 무량성여래가 되는 것이다. 또 왼쪽 코가 정향지(靜香智)를 이루면 향적불이 되고 오른쪽 코가 동향지를 이루면 묘향당불이 된다. 이 둘이 합하여 백천일월광명으로 온 세계를 두루 비추어 비추지 아니한 곳이 없으면 묘향향적불이 되는 것이다.

　마찬가지로 입과 혀도 변재지(辯才智)를 형성하면 묘변불(妙辯佛)이 되고 그 지혜가 당처에 두루하여 사(邪)를 꺾고 미(迷)를 깨우치지 아니함이 없으면 법희여래가 된다.

법계천 가운데 공왕여래가 나타나며, [14]함장식천에서 아나함경과 대반열반경을 연출하고, 아뢰야식천에서 대지도론경과 유가론경을 연출하느니라.

[15]선남자야, 부처님이 곧 법이요, 법이 곧 부처님이니, 이 둘이 합하여 한 모양이 되어 대통지승여래를 나타내는 것이니라."

또 몸에 지혜가 형성되면 묘색신여래가 되고, 마음에 나타나 묘관찰지를 형성하면 노사나불이 되며 제7식이 평등성지를 형성하면 부동존여래가 되며, 제8식이 뒤집어져 광명을 놓으면 공왕여래가 된다.

생각이 쉬어 분별없는 경계에 들어가면 뜻이 곧 무분별천이 되고 그 무분별 가운데서 대광명이 나타나므로 부동여래대광명불이 나타나는 것이다.

노사나불은 청정이고 법계천은 질서가 있는 극락이고 공왕여래는 그 마음이 허공과 같이 끝도 경계도 없는 부처님이다. 「아나함경」은 무거래, 「열반경」은 항상 즐겁고 자유롭고 깨끗한 본성의 원리를 가르친 경이고, 「대지도론」과 「유가론경」은 심식을 굴려 대지혜를 형성한 경이다.

만일 이렇게 몸과 마음이 하나 속에서 이루어진다면 불과 법이 둘이 아니고 색과 심이 둘이 아니며 미(迷)와 오(悟)가 한 마음 가운데서 이루어지므로 그 이름을 대통지승여래라 한다. 대통지승여래(大通智勝如來)란 훌륭한 지혜가 툭 터져 언제 어느 곳에서나 막힘없이 살아가는 인생을 말한다.

대통지승여래 해설은 ≪법화경과 신약성서, 민희식·법진·이원일 공저, 법화경 제7품 화성유품 참조≫

그러므로 이곳은 8식의 경계를 통하여 8불의 대도를 성취하는 장면을 낱낱이 깨닫게 해주신 곳이다.

第38分 설경서상분(說經瑞祥分)

[1]불설차경시 일체대지 육종진동 [2]광조천지 무유
佛說此經時에 一切大地가 六種震動하고 光照天地하여 無有

변제 호호탕탕 이무소명 [3]일체유명 개실명랑
邊際하고 浩浩蕩蕩하여 而無所名이라 一切幽冥은 皆悉明朗하고

일체지옥 병개소멸 일체죄인 구득이고
一切地獄은 並皆消滅하며 一切罪人은 俱得離苦니라

 부처님이 경을 설하실 때 서상이 나타나다

[1]부처님께서 이 경을 설하실 때 온 땅이 여섯 가지로 진동하고 [2]광명이 하늘과 땅으로 끝없이 비추니 호호탕탕하여 무어라 이름 할 수 없었다.

[3]모든 어둠이 다 밝아지고 온갖 지옥이 아울러 일시에 소멸되고 일체의 죄인들이 모두 다 고통에서 벗어났느니라.

🕯️【용어해설】

○육종진동(六種振動): 세상에 상서(祥瑞)로운 일이 있을 때, 대지(大地)가 진동(震動)하는 여섯 가지 모양으로, 곧 동(動; 흔들리며 움직이는 것)·기(起; 아래로부터 위로 일어나는 것)·용(踊; 솟아오르는 것)·진(振; 소리를 울리며 진동하는 것)·후(吼; 울부짖거나 큰 소리를 내는 것)·격(擊;때리는 것; 또는 각/覺; 물건을 깨닫게 하는 것)을 말함.

법화경(서품, 여래신력품, 묘음보살품), 화엄경 현수보살품賢首菩薩品) 등에도 육종진동(六種震動)이 나온다. 육종진동(六種振動) 해설은 ≪법화경과 신약성서, 민희식·법진·이원일 공저 참조≫

여기서 일체대지는 무명의 상태이다. 무명의 상태가 뒤집히면 6근의 산하대지가 무너지게 되어 있다. 그러므로 일체대지가 6종으로 진동한다고 한 것이다.

○호호탕탕 이무소영(浩浩蕩蕩 而無所名): 무명에서 벗어나 걸림이 없는 상태는 무어라 이름도 붙일 수 없는 것이다.

○개실명랑(皆悉明朗): 무명에서 벗어나면 마음이 비워지고 어둠이 밝아지면 지옥도 공해지고 죄인도 고통에서 벗어난다. 마음에 악심이 일어나면 극락 가운데서도 지옥·아귀·축생이 그대로 나타난다. 어두운 방에도 창구멍만 뚫리면 빛은 스며드나니 마음이 열리면 어두움이 가시고 지옥이 소멸되는 것이다. 그러므로 일체의 어두움이 다 밝아지고 일체의 죄인의 고통이 소멸된다고 하였다.

第39分 보살성불분(菩薩成佛分)

[1]이시 대중지중 팔만팔천보살 일시성불 [2]호왈공왕
爾時에 大衆之中의 八萬八千菩薩이 一時成佛하니 號曰空王

여래응정등각 겁명 이구 국호 무변
如來應正等覺이며 劫名은 離垢요 國號는 無邊이니라

【용어해설】

○보살(菩薩; bodhisattva/보디싸트바)

보살은 산스크리트 bodhisattva/보디사트바의 음역(音譯)인 보리살타(菩提薩陀)의 줄임말이다.

보디(bodhi)는 budh(깨닫다)에서 파생된 말로 깨달음(enlightenment)·지혜·불지(佛智)라는 의미를 지니며, 사트바(sattva)는 생명 있는 존재(being), 유정(有情), 중생(衆生)을 뜻한다. 그러므로 보살은 대승에서는 '깨달음을 이룬 존재', 소승에서는 '깨달음을 향해 나아가는 사람'이라는 뜻으로 해석된다.

대승불교에서의 보살의 일반적인 정의(定義)는 '안으로는 자신의 수행에 힘쓰며 밖으로는 중생을 위해 신명을 바쳐 희생하고 봉사하는 성인을 말한다. 보통 상구보리 하화중생(上求菩提 下化衆生; 위로는 보리(菩提; 깨달음)를 구하고 아래로는 중생을 제도하는 것)을 이상으로 하는 대승 불교의 이상적 수행자, 성인'이다.

오늘날 실생활에서의 넓은 의미로의 보살은 재가·출가를 막론하고 성불하기 위해 수행에 힘쓰고 있는 모든 불제자들을 총칭하는 이른바 '범부(凡夫)의 보살'을 의미한다.

39분 팔만팔천 보살이 함께 성불하다

 ¹그때 대중 가운데 있던 팔만팔천 보살이 함께 성불하였으니 ²그 호는 공왕여래응정등각이고 겁명은 이구이며 국호는 무변 이니라.

○팔만팔천보살(八萬八千菩薩): 8정8사가 8만4천 법문을 형성한 것이다.

○일시성불(一時成佛): 한 생각이 바르게 되면 한 순간에 정각을 이루게 되는 것이다. 한 생각이 어두 우면 마군이 복마전이 되고 한 생각이 밝아지면 법당이 된다.

○공왕여래응정등각(空王如來應正等覺): 법당 안에는 빈 마음의 부처가 상주하는 것이니 그 이름이 공 왕여래다. 여기서 왕(王)은 자재의 뜻이고, 응정(應正)은 8정에 응한 것이고, 등각(等覺)은 누구나 다 가지고 있는 본심을 깨닫는 것이다.

○겁명(劫名): 시대를 가리킨다.

○이구(離垢): 번뇌의 때를 벗어나는 일, 즉 담백 무욕한 6근 청정심을 말한다.

○무변(無邊): 법성과 함께 거주하는 범성동거토(凡聖同居土)이다. 상적광(寂光)의 나라에 6근 청정심이 종횡으로 활동하면 수궁삼제(竪窮三際)에 무변천지(無邊天地)가 그대로 불국토임을 알 것이다.

第40分 만행성취분(萬行成就分)

[1]일체인민 개행보살육바라밀 무유피차 증무쟁삼매
一切人民이 皆行菩薩六波羅蜜하되 無有彼此하며 證無諍三昧하여

체무소득 [2]육만육천 비구 비구니 우바새 우바이 득대
逮無所得하고 六萬六千 比丘 比丘尼와 優婆塞 優婆夷는 得大

총지 입불이법문 [3]무수천룡야차 건달바 아수라
總持하여 入不二法門하고 無數天龍夜叉와 乾闥婆와 阿修羅와

가루라 긴나라 마후라가 인비인등 [4]득법안정
迦樓羅와 緊那羅와 摩睺羅伽와 人非人等은 得法眼淨하여

행보살도
行菩薩道하니라

40분 모두가 바라밀을 행하여 보살도를 성취하다

[1]모든 사람들이 다 보살의 6바라밀을 행하여 너나 할 것 없이 무쟁삼매를 증득하여 더 얻을 바가 없는 경지에 이르렀고, [2]육만 육천의 비구와 비구니, 우바새와 우바이들은 대총지를 얻어 불이법문에 들어갔으며, [3]수없이 많은 천룡, 야차, 건달바, 아수라, 가루라, 긴나라, 마후라가와 인비인 등은 [4]깨끗한 법의 눈을 얻어 보살도를 행하였느니라.

【용어해설】

○육바라밀(六波羅蜜; Sad-Paramita/삿 파라미타): 보살이 열반(涅槃; nirvana)에 이르기 위해 실천해야 하는 여섯 가지 수행덕목인 보시·지계·인욕·정진·선정·반야바라밀을 이른다.

산스크리트 「parama」는 '강 저쪽', '피안(彼岸; opposite shore)'이라는 말로서, 깨달아 도달할 수 있는 이상적 경지(supreme point)를 상징한다. 차안(此岸)의 상대어이다. 「-ita」는 '갔다(gone)'라는 말이다. 그러므로 두 단어의 합성어인 「paramita」는 '피안으로 건너갔다(gone to the opposite shore)'라는 뜻으로, 깨달음 또는 해탈에 이른 것을 의미하며, 한문으로 의역하여 '到彼岸(도피안)', 또는 한자로 음사하여 波羅蜜(바라밀), 波羅密多(바라밀다)라 한다.

육바라밀(六波羅蜜; Sad-Paramita/삿 파라미타)은 다음과 같다.

①보시(布施) 바라밀(Dana-Paramita) ②지계(持戒) 바라밀(Sila-Paramita)

③인욕(忍辱) 바라밀(Kshanti-Paramita) ④정진(精進) 바라밀(Virya-Paramita)

⑤선정(禪定) 바라밀(Dhyana-Paramita) ⑥지혜(智慧; 반야) 바라밀(Prajna-Paramita)

≪법화경과 신약성서, 민희식·법진·이원일 공저, pp383, 427 참조≫

○무쟁삼매(無諍三昧; samadhi arana): 마음에 아무 갈등이 없는 몰입무아의 상태를 말한다. 쟁(諍; rana/라나)은 '다툰다'는 뜻으로 번뇌의 또 다른 이름이다. 그와 반대로 무쟁(無諍; arana/아라나)은 다툼이 없다는 뜻으로, 이것은 마음에 갈등이 없음, 즉 미혹(迷惑)이 없음을 뜻한다.

삼매(三昧; samadhi)는 순수한 집중을 통하여 얻는 마음이 고요해진 상태를 가리키는 불교교리이다. 이것은 산스크리트 samadhi(사마디)의 음역으로, '들뜨거나 가라앉은 마음을 모두 떠나 평온한 마음을 견지하는 것', '산란됨이 없이 집중된 마음의 상태'를 뜻한다.

삼매는 불교수행의 이상적인 경지로, 대부분의 불교 경전에서는 삼매의 증득(證得)을 설파하고, 그와 같은 삼매를 이루는 방법을 다각적으로 설명하고 있다.

○육만육천(六萬六千): 6근 6식의 법회심을 나타낸 것이다.

○비구(比丘): 신도들에게 음식을 얻어 생활하는 자라는 뜻으로 걸사(乞士), 마왕과 마군을 두렵게 한다는 뜻으로 포마(怖魔), 계·정·혜 삼학을 닦아 마음속의 온갖 죄를 없앤다는 뜻으로 파악(破惡), 계율을 청정하게 지키는 자라는 뜻으로 정계(淨戒), 깨끗한 생활을 하는 자라는 뜻으로 정명(淨命)이라고도 한다. 비구니(比丘尼)는 열락녀, 우바새는 성실남, 우바이는 자비녀라고도 한다.

○대총지(大總持): 문자 그대로의 뜻은 부처의 모든 법문을 외워서 지닌다는 뜻이지만, 실제로는 부처님의 모든 법문을 다 통달하고 펼칠 수 있는 확철대오한 지혜를 말한다.

○불이법문(不二法門): 상대적·차별적인 것을 모두 초월하고 떠나서 절대적·평등적 진리를 나타내는 가르침. 모든 현상과 모순이 분별이 없고 각종 차이를 초월하여 남녀, 승속, 범성 등이 둘이 아님을 깨달아야 한다. 보살이 이 '불이(不二)'의 이치를 깨달은 것을 '불이법문(不二法門)'에 들었다고 한다. 여기서 불이법문이란 '불문(佛門)'을 뜻한다.

○팔부신중(八部神衆): 불법(佛法)을 수호하는 여덟 신장(神將)으로 천·용·야차·건달바·아수라·가루라·긴나라·마후라가가 있다. 천룡팔부(天龍八部)라고도 한다. 이 8종의 신중(神衆; 신의 무리)은 인도신화 나오는 신들을 불교에서 가져다 불법을 지키는 호법신으로 수용한 것이다.

불교에 치명적으로 심각한 문제는 이것이 부처님의 가르침에 정면으로 반기를 드는 반역이라는 사실이다. 불교는 포용이라는 그럴듯한 명분으로 거의 모든 힌두 신들을 불교에 수용함으로써, 무신종교인 불교를 부처님의 가르침을 정면으로 부정하고 유신종교로 타락시키고 말았다.

실제로 법화경이나 화엄경 등의 대승불교 경전들을 보면, 힌두신화의 신들을 마구잡이로 가져다 석가모니 부처님의 수호신, 호법신으로 만들어 놓았음을 볼 수 있다. 대승경전 편집자들이 힌두 신들을 끌어다 석가모니 부처님의 호법신으로 격하시켜 수용함으로써 불·보살들의 위상을 올리고자 하였던 그 의도는 가상하다 할 수 있을지 모르나, 결과적으로는 분명히 신을 인정치 않는 무신종교이자 자력종교인 불교가 온갖 힌두 신들이 들끓는 유신종교가 되었으며 석가모니 부처님과 불·보살들마저 신격화 되는 치명적 폐해를 낳게 되었다.

부처님이 창시하신, 신을 인정치 않던 무신종교였던 불교가 신을 믿는 유신종교, 신들에게 구원을 의지하는 타력종교로 타락하였으며, 신이 아닌 불보살들도 사실상 부처님 신, 보살신들로 만들어 놓고 말았다. 그야말로 부처님의 가르침에 정면으로 반기를 드는 반역인 것이다.

≪화제작: 신묘장구대다라니는 힌두교 신 예찬문인가?, 법진·이원일 공저, 제4장에서 발췌≫

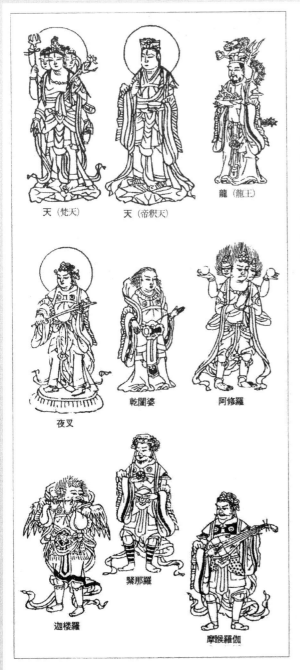

天 (梵天)   天 (帝釈天)   龍 (龍王)

夜叉   乾闥婆   阿修羅

迦楼羅   緊那羅   摩睺羅伽

팔부신중(八部神衆; 천룡팔부/天龍八部)

①천(天; Deva)

　고대 인도의 창조신 브라흐마(Brahma)는 범천(梵天)으로, 신들의 왕 인드라(Indra)는 제석천(帝釋天)으로 수용됨.

②용(龍; Naga/나가)

③야차(夜叉; Yaksha/약샤)

④건달바(乾達婆; Gandharva/간다르바)

⑤아수라(阿修羅; Asura)

⑥가루라(迦樓羅; Garuda/가루다): 금시조(金鳥)

⑦긴나라(緊那羅; Kimnara): 의인신(擬人神)

⑧마후라가(摩睺羅迦; Mahoraga): 대복씨(大腹氏)

≪법화경과 신약성서, 민희식·법진·이원일 공저, pp304-307 상세해설 참조≫

○인비인은 사람과 소, 개, 말 돼지 같은 것들이다. 이들은 모두 호법신장으로서 불법을 옹호할 것을 서원한 신들이다.

○법안정(法眼淨): 깨끗한 질서의 눈이다. 항상 자성을 따라 연을 청정하게 가지며 근식(根識)이 청정하면 깨끗한 법의 눈을 얻게 되어 있다.

○행보살도(行菩薩道): 생각생각에 깨닫는 마음을 일으켜 자비희사 4섭법(四攝法)을 실천한 것이다. 그러므로 이곳은 일체인민과 비구, 비구니, 우바새, 우바이들이 천지팔양경을 듣고 얻은 공덕을 설명한 곳이다.

第41分 선신가호분(善神加護分)

[1]선남자　약부유인　득관등위지일　급신입택지시　[2]잠독
善男子야　若復有人이　得官登位之日과　及新入宅之時에　暫讀

차경삼편　　심대길리　[3]선신　　가호　　연년익수
此經三編하면　甚大吉利하여　善神이　加護하고　延年益壽하여

복덕구족
福德具足하니라

41분 이 경을 세 번 읽으면 선신이 보호한다

[1]선남자야, 또한 어떤 사람이 벼슬하여 부임하는 날에나 새 집에 들어갈 때에 [2]잠깐이라도 이 경을 세 번만 읽으면 크게 길하고 유익하여 [3]선신이 가호하고 해마다 수명이 늘어나 장수하고 복덕이 풍성하리라.

♣ 불제자의 입주식
집안의 평안과 사업번창을 위해서는 불공을 드릴 때
천지팔양신주경을 읽는 것이 가장 중요하다.

🕯️【본문해설】
　이곳 천지팔양신주경 제41분 선신가호분(善神加護分)에서는 천지팔양신주경 독경의 영험을 밝히고 있다.

【용어해설】
○득관등위(得官晉位): 직장 없던 사람이 직장이 생겼다든지, 직장에 있는 사람이 진급을 했다든지 한 것을 말한다.
○신입택(新入宅): 새로 집을 지어 입주하거나 이사하여 입주할 때 등을 말한다. 공장이나 창고 등을 지어 입주할 때 등도 여기에 포함된다.

第42分 독송공덕분(讀誦功德分)

¹선남자   약독차경일편   여독일체경일편   ²약사일권
善男子아 若讀此經一遍하면 如讀一切經一遍이요 若寫一卷하면

여사일체경일부   ³기공덕   불가칭불가량   등허공
如寫一切經一部라 其功德은 不可稱不可量하여 等虛空하고

무유변제   성성도과
無有邊際하여 成聖道果하나니라

４２분 천지팔양신주경 독송사경의 크나큰 공덕

[1]선남자야, 이 경을 한 번만 읽어도 모든 경을 한 번 읽은 것과 같고, [2]이 경을 한 권만 베껴 써도 모든 경의 일부를 한 번 베껴 쓴 것과 같아서 [3]그 공덕은 이루 말하거나 헤아릴 수 없으며 한량없어 허공과 같이 끝이 없어 성인의 도과를 이루게 되느니라.

🕯️【용어해설】
○독차경일편 여독일체경일편(讀此經一遍 如讀一切經一遍): 이 경을 한 번 읽는 것이 일체경을 한 번 읽는 것과 같다고 한 것은 모든 경전이 바로 인심(人心)을 가르쳐 성불하게 한 것인데 이 경도 바로 인심을 가르쳐 성불하게 한 까닭이다.
　일체불법이 고(苦), 공(空), 무상(無常), 무아(無我)를 가르치듯, 이 경도 고, 공, 무상, 무아를 가르치고 있고 일체경을 읽어 해탈 열반의 도를 얻듯이 경을 읽어 그 같은 과보를 이룰 수 있기 때문이다.

第43分 불신과보분(不信果報分)

¹부차 무변신보살마하살   약유중생   불신정법   상생사견
復次 無邊身菩薩摩訶薩이여 若有衆生이 不信正法하여 常生邪見하고

²홀문차경 즉생비방 언비불설   ³시인 현세 득백나병
忽聞此經 卽生誹謗하되 言非佛說이라하면 是人은 現世에 得白癩病하여

악창농혈 변체교류   성조취예 인개증질 ⁴명종지일
惡瘡膿血이 遍體交流하며 腥臊臭穢를 人皆憎嫉하여 命終之日에

즉타아비무간지옥   상화철하   하화철상 ⁵철창철차
卽墮阿鼻無間地獄하여 上火徹下하고 下火徹上하며 鐵槍鐵叉는

변체천혈 융동관구 근골난괴 ⁶일일일야 만사만생
遍體穿穴하며 融銅灌口에 筋骨爛壞하여 一日一夜에 萬死萬生으로

수대고통   무유휴식 ⁷방사경고 획죄여시
受大苦痛하여 無有休息이니 謗斯經故로 獲罪如是니라

43 이 경을 비방하면 죄과를 받게 되리라

¹또 무변신보살마하살이여, 만약 어떤 중생이 정법은 믿지 않고 잘못된 사견을 내고 ²돌연히 이 경의 말씀을 듣고 즉시 비방하여 '부처님 말씀이 아니다' 라고 한다면 ³이 사람은 현세에 나병에 걸려 온몸에 더러운 창질이 생기고 피고름이 흐르며 악취가 풍겨서 사람들의 미움을 사다가 ⁴임종하는 날에는 아비무간지옥에 떨어져서 위에 붙은 불은 아래로 내려 뿜고 아래 불은 위로 올려 뿜는 가운데 ⁵쇠창과 쇠방망이에 온몸을 찔리며 구리 녹인 물을 입에 부으니 뼈와 힘줄이 녹아 문드러지며 ⁶하루 낮과 하루 밤사이에 만 번이나 죽고 만 번이나 살아 큰 고통을 쉴 새 없이 받게 되리라. ⁷이 경을 비방한 연고로 이와 같은 죄를 받느니라.

🕯【용어해설】

○언비불설(言非佛說): 이 경이 불설(佛說; 부처님의 말씀이나 가르침; buddha-vacana)이 아니라고 하거나 정경이 아닌 위경이라고 비방하는 것을 말한다.

○백나병(白癩病; white leprosy): 불치의 문둥병으로 세균성 환자가 되는 것을 말한다. 바른 법을 믿지 아니하면 4대 5온이 역습하여 몸에 악성 피부병이 퍼져 피고름이 낭자하므로 악취가 나게 된다.

○아비지옥(阿鼻地獄): 불교에서 말하는 8대 지옥(地獄) 중 여덟째로, 고통이 가장 심하다고 한다. 아비(阿鼻)는 범어(梵語; Sanskrit) 아비치(avici)의 음역이며, 이곳에서 받는 고통이 '간격이 없다'는 뜻으로 무간지옥(無間地獄)으로 의역한다.

이 지옥은 남섬부주 아래 4만 유순(由旬)이 되는 지하에 있으며, 부모를 죽이는 죄, 아라한을 죽이는 죄, 승가의 화합을 깨뜨리는 죄, 부처의 몸에 피를 나게 하는 죄 등의 오역죄(五逆罪), 인과(因果)를 무시하고 절이나 탑을 무너뜨리는 죄, 성중(聖衆)을 비방하거나 수행하지 않고 시주가 주는 음식만을 먹는 죄 등을 지은 자가 죽어서 떨어지게 된다는 지옥이다.

이 지옥에서 고통 받는 모습은 여러 경전에 묘사되어 있으며, 사찰 명부전(冥府殿) 안의 시왕탱화(十王幀畫) 속에 묘사되어 있는 경우가 많으며, 여러 문학 작품이나 민간 설화에도 이에 대한 표현이 나타나고 있다.

第44分 불설게언분(佛說偈言分)

¹불위죄인   이설게언
佛爲罪人_{하여}   而說偈言_{하사대}

²신시자연신   오체자연족   ³장내자연장   노즉자연로
身是自然身_{이요}   五體自然足_{하리며}   長乃自然長_{이요}   老則自然老_며

⁴생내자연생   사즉자연사   ⁵구장부득장   구단부득단
生乃自然生_{이요}   死則自然死_라   求長不得長_{이요}   求短不得短_{이니라}

⁶고락여자당   사정유여이   ⁷욕작유위공   독경막문사
苦樂汝自當_{하고}   邪正由汝已_라   欲作有爲功_{인데}   讀經莫問師_{하라}

⁸천천만만세   득도전법륜
千千萬萬歲_에   得道轉法輪_{하니라}

44분 부처님께서 게송으로 설하시다

1부처님께서 죄지은 자들을 위해 게송으로 설하시되,

2몸은 자연으로 생긴 몸이니
오체가 저절로 갖추어지고
3크는 것도 저절로 크고
늙는 것도 저절로 늙으며.

4나는 것도 자연히 태어났으니
죽는 것도 자연히 죽으리라
5키가 크기를 구하여도 커지지 않으니
작아지고자 한들 작아질까.

6괴로움도 즐거움도 스스로 감당할 것이요
삿된 것도 바른 것도 너로 인한 탓이니라.
7좋은 공덕 지으려거든
천지팔양신주경을 독송할 뿐 스승 찾아 묻지 말라.
8천년만년 후에까지
득도하여 부처님 법을 전할지니라.

♣ 부처님께서 게송으로 설하시다

천지팔양신주경 第44분 불설게언분(佛說偈言分)

🏮 【용어해설】

○신시자연신 오체자연족(身是自然身 五體自然足): 몸은 아버지의 정기와 어머니의 피, 나의 영, 이 세 가지 연이 한데 모여 5체, 즉 머리와 사지가 이루어진다 한 것이다.

○장노생사장단(長老生死長短): 크는 것은 5온이 장차 성숙하는 모습을 말하고, 늙는 것은 5체가 변이 상속해 가는 것을 말한다.

태어나는 것은 5온이 잠시 머무는 것이고, 죽음은 5온이 완전 쇠락(衰落)한 것이며, 길고 짧은 것은 분단생사(分段生死)를 말한다. 명은 분한(分限)이 있고 신체에는 형단(形段) 있는 까닭이다.

명은 업에 따라서 과보를 받기 때문에 자재를 얻지 못하고 몸은 세월 따라 변해가므로 장단을 마음 대로 하지 못한다. 그러므로 변역의 몸은 고통을 면치 못하는 것이다.

○고락여자당(苦樂汝自當): 고락을 스스로 감당한다 하는 것은 업보를 면치 못한다는 말이다. 백천만겁 에 지은바 업은 인연 따라 스스로 받기 때문이다. 그러므로 생각대로 마음대로 몸을 받으려면 불보살 의 의생신(意生身)이 아니고서는 안 된다.

○사정유여이(邪正由汝己): 50여종의 마사가 다 마음으로 인하여 일어나는 것을 말한다. 마음에 불변심 이 있으면 망령된 생각이 일어날 수 없다.

○욕작유위공(欲作有爲功): 유위공은 인연(조건)을 따라 변화하는 유위의 공덕으로, 세속적인 가유법(假 有法)이다.

○독경막문사(讀經莫問師): 스승은 대법사인데 행·주·좌·와·어·묵· 동·정과 12시 가운데 항상 선정과 지 혜로 갖가지 방편을 구족하게 쓰는 사람을 말한다.

그런데 독경막문사(讀經莫問師), 즉 '독경을 할 뿐 스승을 찾아 묻지 말라'라는 뜻은 천지팔양신주경 을 일념으로 독송하는 것이 도에 이르는 확실한 길이지 어디 용한 스승이랍시고 찾아다니며 물어보 는 짓 하지 말라는 뜻이다. 자칫하면 오히려 그릇된 스승을 만날 수도 있는 것이다. 그것은 이 경을 지심으로 일념으로 읽고 외우면 마음속에 분별심이 없어지고 마음이 밝아지며 지혜가 나타나 자연히 도를 얻게 되기 때문이라는 뜻이다.

○천천만만세 득도전법륜(千千萬萬歲 得道轉法輪): 이 경을 읽고 외우면 마음속에 분별심이 없어지고 지혜가 나타나 불생불멸한 본심에 안주하게 되므로 천천만만세 한다고 한 것이고, 도를 얻으면 저절 로 법륜을 굴리게 되므로 득도전법륜이라 한 것이다.

마음이 밝아지면 삼라만생에 조사의 뜻이 담겨 있음을 알게 되고 그 모두가 전법의 법사임을 깨닫게 된다. 어찌 사람만 법사일 수 있겠는가?

第45分 오불지견분(悟佛知見分)

[1]불설차경이   [2]일체대중   득미증유   심명의정
佛說此經已_{하시니} 一切大衆_이 得未曾有_{하고} 心明意淨_{하여}

환희용약   [3]개견제상비상   입불지견   오불지견
歡喜踊躍_{하며} 皆見諸相非相_{하고} 入佛知見_{하고} 悟佛知見_{하되}

[4]무입무오   무지무견   부득일법   즉열반락
無入無悟_{하고} 無知無見_{하여} 不得一法_이 即涅槃樂_{이니라}

○

天地八陽神呪經 終

45분 이 경의 설법을 듣고 불지견을 깨닫다

[1]부처님께서 이 경을 설하여 마치시니 [2]모든 대중이 지금까지 있어본 적이 없던 것을 얻고 마음이 밝아지고 뜻이 깨끗해져 기뻐 날뛰며 [3]모두가 모든 형상이 참 형상이 아님을 알고 불지견에 들어가 불지견을 깨달았으되, [4]들어간 것도 없고 깨달은 것도 없고, 아는 것도 없고 보는 것도 없으매 한 법도 얻음이 없음이, 곧 열반의 즐거움이니라.

천지팔양신주경 끝

【본문해설】

이곳은 유통분이다. 서분, 정종분, 유통분은 솥의 세 발과 같다.

【용어해설】

○일체대중 득미증유(一切大衆 得未曾有): 일체대중이 미증유를 얻었다고 한 것은 7년 가뭄에 감로, 단비와 같은 부처님의 법문을 만난 까닭이다. 모든 강은 바다에 이르러 안락을 얻고 일체중생은 밝은 마음속에서 해탈을 얻는다.

미증유(未曾有; 산스크리트 adbhuta/아부타)의 문자 그대로의 뜻은 '일찍이 있지 않았던 일' 이라는 뜻으로, 예전에 없던 일, 지금까지 아직 한 번도 있어 본 적이 없는 일 등 그 유례를 찾을 수 없는 놀라운 사건이나 일을 묘사하는 데 사용되는 고사성어이다.

비슷한 말로는 전대미문(前代未聞: 지금까지 들어본 적이 없음), 공전(空前: 비교할 만한 것이 이전에는 없었음), 파천황(破天荒: 하늘이 열리기 이전의 혼돈상태인 천황을 깸; 처음으로 함) 등이 있다.

미증유는 불경에서 유래하였는데, 《능엄경》, 《중아함경》, 《천지팔양신주경》 등에서 찾아 볼 수 있는데, 부처님의 공덕을 찬탄하거나 신비하고 불가사의한 일을 말할 때 사용된다.

《능엄경》에 "부처님의 설법을 듣기 위하여 모인 승려들이 미증유함을 얻었다(法筵清衆, 得未曾有)" 라고 나와 있으며, 《중아함경》에는 수장자(手長者)라는 사람이 지켜야 할 8가지 미증유의 법에 대한 설명이 있다. 《천지팔양신주경》第45 오불지견분(悟佛知見分)에도 나와 있다.

○심명의정 환희용약(心明意淨 歡喜踊躍): 모든 빛이 태양을 으뜸으로 하듯이 천지팔양신주경은 심성의 일월성신을 밝혀 안심입명하게 하였으므로, 마음과 뜻이 깨끗해져 열반의 기쁨을 얻어 환희용약(歡喜踊躍: 북받쳐 오르는 기쁨에 펄쩍펄쩍 뜀) 하였다.

○개견제상비상(皆見諸相非相): 글을 제대로 읽는 사람들은 글자 이면에 숨어 있는 뜻을 보듯이, 무릇 나타나 있는 현상이나 형상 너머의 것을 깨달아 알면 이것이 곧 불지견이다.

견제상비상(見諸相非相)은 모든 형상이 참된 형상이 아님, 즉 눈에 보이는 현상이나 모습이 영원하고 진실한 실재가 아님을 본다는 뜻이다. 이 구절은 《금강경》의 대표적 사구게 중의 하나인 《금강경, 제5 여리실견분》의 사구게에도 들어있다.

모든 형상을 보되 그 형상이 참 형상이 아닌 것을 알면 곧 여래, 즉 진실한 모습을 보게 된다는 의미이다. 다시 말해, 형상 있는 것에 집착하고 속지 않아야 비로소 진리를 바르게 깨칠 수 있다는 말이다. 이 세상 만물 모두가 영원불멸하거나 실질적인 존재가 아니라 결국은 물거품이나 안개처럼 허망하게 사라져 버리고 마는 일시적인 것일 뿐 참 존재가 아닌 것을 깨달아 모든 집착을 끊어버리면, 누구나 부처의 지혜 광명을 얻게 된다는 말이다.

☞ 오른쪽의 《금강경, 제5 여리실견분》 사진 참조

○입불지견 오불지견(入佛知見 悟佛知見): 불지견(佛知見)은 제법실상(諸法實相)의 이치를 깨닫고 비추어 보는 부처님의 지혜이다. 그런데 모든 부처님이 세간(世間)에 출현하는 까닭은 중생으로 하여금 이 부처님의 지견(知見)을 얻게 하기 위한 것이다. 그러므로 모든 대중이 불지견에 들어가 불지견을 깨달았다고 한 것이다.

第5分 **如理實見分** 여리실견분
Genuine Principle of Perceiving the Tathagata

불고수보리　　　범소유상　개시허망
佛告須菩提하사되　**凡所有相**이　**皆是虛妄**이니

약견제상비상　　즉견여래
若見諸相非相이면　**卽見如來**니라

 제5분 진리대로 참 모습을 봄

부처님께서 수보리에게 이르셨다.
"무릇 있는 바 형상이 모두 다 허망하나니, 만약 모든 형상을 보되 참 형상이
아님을 본다면, 곧 여래를 보리라."

Buddha said: Subhuti, whatsoever has bodily characteristics is empty
and delusive. If you perceive all characteristics to be in fact no-
characteristics, then you perceive the Tathagata.

♣ 한문·한글·영어 3개 국어로 읽는
《금강반야바라밀경》, 법진·이원일 편저

○무입무오 무지무견 부득일법(無入無悟 無知無見 不得一法): 부처님의 지견은 내외표리가 없기 때문에
들어가는 것도 나오는 것도 없다. 하물며 보고 안 것이 어디 있으며 얻고 잃을 것이 어느 곳에 있겠
는가. 깨달은 법과 깨달은 사람이 둘이 아닌 경계에 들어간 것이다.

○열반락(涅槃樂): 범인은 고락성쇠 속에 살지만, 열반을 수용하는 도인은 그 고락성쇠를 물위의 거품
처럼 살펴 항상 즐겁게 살 수 있다. 그리고 인연의 얽매임 속에서도 자유를 얻고 더러운 세상에서도
항상 깨끗하게 살고 있으니 이것을 대열반이라 하는 것이다.

이제 천지팔양신주경 해설을 마치며, 모든 중생들의 소원성취를 빌고 대소 시주자
들의 무병장수와 복락을 빌며 천지팔양신주경이 연면부절(連綿不絶)하여 부처님의
뜻이 세세 무궁토록 더욱 더 빛나기를 발원하나이다.

♣ 지심귀명례 천지팔양신주경

心中所求所願 심중소구소원
萬事如意圓滿 만사여의원만
大亨通之大願 대형통지대원

마음으로 구하고 바라는
모든 일들이 뜻하는 대로
모두 이루어지길 기원하나이다.

천지팔양신주경 영험록

♣ 천지팔양신주경을 지극정성으로 독송하는 불제자들

暫讀此經三遍　　　　잠독차경삼편
甚大吉利 善神加護　　심대길리 선신가호
延年益壽 福德具足　　연년익수 복덕구족

잠깐이라도 이 경을 세 번만 읽으면
크게 길하고 유익하여 선신이 가호하고
해마다 수명이 늘어나 장수하고 복덕이 풍성하리라.

　　　　　- 제41분 선신가호분 중에서

○ 김대덕원 불자님
《천지팔양신주경》 영험록

성북구에 사는 김대덕원 불자께서 큰아들 대입수능 시험 일자를 하루 앞두고 집에서 기르던 초롱이라는 이름의 강아지가 교통사고로 크게 다쳐서 집으로 기어들어 왔다.

갑자기 당한 일이어서 온 가족이 당황하였다.

대학 수능시험을 하루 앞두고 불길한 예감이 들었다.

초롱이 강아지는 신음을 하면서 죽기 직전의 모습이었다.

마음속에 길한 예감이 계속 되면서 큰아들의 시험이 걱정되었다.

김대덕원 불자는 어찌할 바를 모르다가 다급할 때 기도 효과가 즉시, 기도 감응이 빨리 나타난다는 《천지팔양신주경》을 지극정성으로 7번을 독송하였다.

다음날 새벽, 죽을 줄로만 알았던 초롱이 강아지는 언제 교통사고가 났느냐 하는 식으로 건강한 모습으로 초롱초롱한 눈으로 주인을 바라보았다.

가족 모두는 너무나 기쁘고 다행스러운 마음으로 가슴을 쓸어내렸으며 큰아들도 시험을 잘 치른 결과 대학도 무난히 합격하였다.

김대덕원 불자는 지금도 《천지팔양신주경》을 아침 저녁으로 열심히 독송하고 있으며 널리 보급하고 있다.

○ 동국그룹회장
장경호(대원·大圓) 불자님
《천지팔양신주경》 영험록

　동국그룹 장경호 불자님께서 1951년 봄 6·25 전란으로 부산에서 피난생활을 어렵게 지내던 중, 불자 부부는 양산군 통도사를 찾아가 부처님께 참배하고 난 후 그곳 스님들에게서 《천지팔양신주경》을 구하여 지극정성으로 독송하면서 기도 발원하였다.

　불자 부부는 '우리가 잘 살게 되면 어려운 이웃과 함께 나눠가며 잘 살아가겠습니다. 나라가 어려운 이 시점에서 잘 살아 갈수 있는 지혜와 복을 주십시오' 하며 간절한 기도 발원을 하였다.

　부산으로 돌아와서도 시간 있을 때마다 《천지팔양신주경》을 열심히 독송 기도하면서 고물상 사업을 시작하여 못을 만드는 작업을 시작하였다. 당시는 피난 시절이었기 때문에 작은 오두막 판잣집을 짓기 위해 많은 못을 필요로 하였고, 사업이 잘 되어 오늘날 동국철강으로 발전하게 되었으며 더 나아가 동국그룹이 된 것이다.

　장경호 회장님께서는 부처님 전에 《천지팔양신주경》 기도 공덕의 은혜에 보답하기 위해 많은 재산을 불교진흥기금으로 보시하였다. 오늘날 불교방송이 들어있는 마포 다보빌딩과 남산 대원정사가 다 장경호 회장님 보살행에 의하여 이루어진 것이다.

　1978년 대원불교대학 5대 학생회장(현 상업은행 근무) 김환봉 불자께서는 장경호 회장부인 추명순(적선화) 보살님이 현 남산 대원정사에서 직접 들려주었다고 하였다.

　1998년 11월 종로 대각사 3층 큰 법당 상업은행 불교회 법회 때 김환봉 불자께서 증언함.

○ 호프집 개업을 위하여

글쓴이 정행자 불자님

저는 가정의 행복과 안정을 기도하다 보니, 《천지팔양신주경》을 자연히 가깝게 하게 되었습니다.

행자가 생각하건대, 경을 가까이 해서 손해 볼 것이 없다고 믿었습니다.

저는 정성을 다하여 매달리는 마음 자세로 간절히 《천지팔양신주경》을 독송 기도를 하면 소원성취 가피(加被)는 100% 있다고 믿고 있습니다.

지난 1987년도 저는 집에서만 지내기가 시간이 아깝다는 생각이 들어 무엇인가 일거리를 찾고 있던 중 마침 집에서 가까운 구로 전화국 근처에 있는 호프집을 인수하게 되었습니다. 이 호프집은 평소에도 손님이 많은 곳이 아니었습니다.

막상 개업일이 다가오자 저는 크게 걱정이 되어서 손바닥 크기의 공책에 《천지팔양신주경》을 써서 독송하며 개업을 앞두고 불안한 마음을 다잡았습니다. 개업 일주일을 남겨 놓고는 하루에 열 번 이상을 독송했습니다.

개업하는 날에도 바쁜데도 불구하고 《천지팔양신주경》을 끝까지 세 번 읽고 가게에 나갔습니다.

과연 손님이 올까 걱정하였으나, 개업한 날부터 자리에 손님이 꽉 찼습니다. 퇴근시간에는 자리가 없어서 손님을 못 받았을 정도가 되었습니다.

오는 손님마다 전에는 손님이 없었는데 많아졌다고들 하셨습니다.

영업 중 시간 있을 때마다 《천지팔양신주경》을 틈틈이 계속해서 읽었습니다. 《천지팔양신주경》을 읽은 공덕으로 불보살님의 가피를 입어 장사가 잘 되었습니다. 그만 둘 때에도 가게를 내놓자 금방 나가고 권리금도 많이 받고 넘겨주었습니다.

나무 천지팔양신주경, 나무 천지팔양신주경, 나무 천지팔양신주경

○ 신라시대
김씨의 《천지팔양신주경》 영험담

　신라 경덕왕 때 이름이 김마니라라는 사람은 백여 간이 되는 큰집을 짓고 서라벌(경주)이 떠들썩하게 하는 부자로 잘 살았다고 한다.

　이 집은 선대조상 때부터 재산을 모을 때 남에게 장리(長利) 쌀을 놓는데 한 섬 주고 가을에 두 섬씩 받는 혹독한 이자를 부쳐 치부를 하였다고 한다. 이렇게 재산을 모았으니 어찌 억울하지 않은 사람이 없었겠는가?

　어느 해는 소출이 줄어 열 섬의 소출이 나던 농토에서 단 한 섬의 소출밖에 못나는 흉년이 들어 많은 사람이 굶어죽을 형편이었으나 이 사람은 받을 것은 다 받아야 한다고 남의 딱한 사정을 보아주지 않았다. 겨우 남의 땅이나 얻어 농사짓는 사람이 태반이 넘는 형편에 장리쌀을 다 갚고 나니 너나 할 것 없이 굶어죽을 형편이 되지 않을 수 없었다.

　어느 날 이웃동네 어려운 사람이 장리쌀을 구하러 왔다. 이 사람의 사정인즉 해산을 한 부인이 굶게 되었다고 하소연 하였으나 김마니라에게는 이 말이 들릴 리가 없었다. 물론 갚을 능력이 있는 자라야만 그 비싼 장리나마 줄 터인데 그 사람에게는 쌀 한 톨 줄 리가 없었다.

　그 후 산모는 부종이 나 죽고 또 남자도 아기를 안고 산에 가서 목을 매어 죽었다. 이 죽은 세 식구는 모두 원혼귀가 되어 김마니라 집을 떠나지 않고 밤만 되면 여자 울음소리, 아기 울음소리가 소란하여 옆에서 나는 것 같아서 가보면 광에서 나고, 광에 가 들으면 마루에서, 마루에 오면 방에서 대체 갈피를 잡을 수가 없었다.

　이렇게 원혼귀들이 백여 간이나 되는 집을 뱅뱅 돌며 밤중이면 울어대니 그는 잠인들 올 리가 없었다. 이렇게 계속되는 동안 이웃 삼동의 장정들이 다모여 밤이면 촛불을 켜놓고 아무리 지켜도 소용이 없었다.

　김마니라 부자는 나중에 지쳐서 죽고 그 후 아내도 죽었다. 그 자손은 나이가 어려 그 부친처럼 몹쓸 짓은 아니 하였다.

　밤새도록 울음소리에 잠을 못자고 있는 어느 날 새벽꿈에 스님 한 분이 나타나서 너의 아버지의 죄로 네가 이렇게 고생을 하는구나, 네가 가련해서

너를 구해주고자 하니 가까운 문수사라는 절에 가면 《천지팔양신주경》이 있을 것이니 그 경책을 빌려다가 저녁이면 그것을 계속 읽으면서, 곡간에 쌓아둔 곡물을 어려운 이웃에 모두 보시하라 하였다.

깨어보니 꿈이었다. 날이 밝자마자 그는 곡간에 쌓아둔 곡물 모두를 어려운 이웃에 보시하고 문수사를 찾아가 스님에게 인사하고 전후사정 이야기를 하니 《천지팔양신주경》을 주셨다.

그는 곧 돌아와 식사도 제대로 아니하고 쉴 새 없이 계속 이 경문을 읽었다. 그날부터 원혼귀들의 우는 소리를 들어 볼 수가 없었고 그 이튿날 꿈에 아기를 안은 남자와 얼굴이 부은 여자가 나타나 당신네를 더 괴롭히려 하여도 팔만신장이 둘러서 들어올 틈도 없으니 이젠 영영 간다고 하며, 그 좋은 경문을 읽어주어 우리도 이젠 좋은 곳으로 간다고 하였다.

그 후 또 꿈에 부모가 나타나 '내 이제까지 동타지옥에서 나오지 못했는데 네가 《천지팔양신주경》을 읽은 공덕으로 이제야 겨우 지옥을 면했다. 너는 아무쪼록 악업을 짓지 말고 《천지팔양신주경》을 널리 펴는 무량공덕을 많이 쌓아라. 나는 크게 후회했노라.'고 말했다 한다.

○ 서라벌 최씨의 《천지팔양신주경》 영험담

서라벌(경주)에 최씨라는 사람이 살고 있었는데 백제와 싸우게 되어 두 아들을 전쟁터에 보내놓고 걱정이 되어 최씨 아버지께서는 《천지팔양신주경》을 지극정성으로 독송하였다.

두 아들 모두 최전선에서 적을 마주하고 밤이 되어 보초를 서고 있는데 며칠째 전투를 치른 뒤라 두 아들 모두가 적군이 야간기습공격 접근해오는 것도 알지 못하고 꾸벅꾸벅 졸고 있었다.

그때 꿈속에서 신장님이 '빨리 일어나라. 빨리 일어나라'하고 깨우는 소리에 눈을 떠보니 적이 기습해 오는 것이었다. 이를 미리 발견하고 적을 무찔러 큰 공을 세우고 무사히 집으로 돌아왔다고 전해오고 있다.

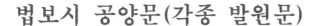

법보시 공양문(각종 발원문)

불·법·승 삼보에 귀의하나이다.
시방삼세에 두루 계신 제불보살님, 제대아라한님, 천룡
팔부신중님께 귀의하옵고 법공양을 올리며 발원합니다.

법보자 _____은 부처님의 보살핌 속에
서 온 가족건강과 사업번창, 자녀들의 학업성취, 좋은
배우자 만나기, 득남과 동량지재로 성장하기를 감사의
정례를 드리오며 발원합니다.
불보살님의 다함없으신 가호와 가피의 위신력으로 모든
업장 소멸되고, 항상 복덕이 충만하여 만사가 뜻대로 원
만하게 이루어지도록 굽어 살펴 주시옵소서.

　나무 석가모니불
　나무 석가모니불
　나무 시아본사 석가모니불

　불기 _____년 부처님 오신 날

※ 법보시는 특별 할인하여 드립니다.
※ 법보시 불서 100부 이상에 한하여 법공양문을 넣어드립니다.
　(각종 발원문 샘플 있으며, 법공양하시는 분의 글로 넣어드립니다.)

기독교계에는 충격을, 불교계에는 자각을 안겨준 화제작!

민회식·법진·이원일 공저
신국판/496쪽/값32,000원

기독교의 고질적 비방과 불교공격을 일거에 꺾을 수 있었던 불교계 최강의 이론적 무기!

유럽에서 활동 중인 한국이 낳은 세계적 비교종교학자 민회식 박사의 화제작 「법화경과 신약성서」가 바로 그것!

★기독교의 뿌리가 불교라는 사실을 입증하여 종교계에 일대 센세이션을 일으킨 책!

· 신약성서가 바로 법화경에서 베껴간 것임을 입증하였다.
· 예수가 불제자였다는 사실은 기독교 지식인·성직자 중심으로 인정하고 있다(인정하는 기독교 성직자들의 추천글 수록).
· 성경에는 삭제되어 있는 예수의 13세~30세까지의 예수의 인도·파키스탄(간다라)·티베트에서의 불교수행
· 종교계 최고의 화제작, 인터넷 최다 검색어 「법화경과 신약성서」

신묘장구대다라니는 힌두교 신 예찬문!

법진·이원일 공저
신국판/320쪽/값18,000원

신묘장구대다라니의 정체가 힌두신들에 대한 예찬 기도문이며, 따라서 신묘장구대다라니를 천수경에서 당장 삭제해야 할 것인가 하는 논쟁!

이 책에서 이 모든 사실을 밝혀내고 입증하여 출간되자마자 현재 불교계 최대의 뜨거운 화제가 되고 있다.

· 한국불교 역사상 최초로 신묘장구대다라니 완전해석!
– 신묘장구대다라니 상세해설 및 범어, 우리말, 영어 번역 수록
· 신묘장구대다라니의 정체에 관한 답답함과 의문점들 완전 해소!
– 조목조목 구체적으로 증거자료들을 제시하며 명쾌한 해설

이 책을 읽지 않고 신묘장구대다라니를 말하지 말라!
신묘장구대다라니에 대한 모든 것은 이 책 하나로 끝!

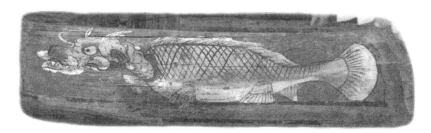

♣ 어변성룡(魚變成龍): 물고기가 변하여 용이 된다는 뜻으로, 보잘것없던 사람이 성공하여 부귀를 누리게 되거나 큰 인물이 됨을 이르는 말. 경남 김해 신어산 은하사 대웅전 대들보

잉어가 용으로 변하는 과정을 포착한 모습으로, 몸은 아직 물고기의 몸을 취하고 있지만 머리는 이미 용으로 탈바꿈하여 입에는 여의주를 물고 있다.

인고의 세월을 보낸 한 마리 잉어가 거센 물살을 뚫고 약진하기 시작한다. 거센 꼬리 짓을 거듭하던 잉어는 드디어 급류를 뚫고 도약해 용문을 뚫고 지나간다. 그 순간, 몸 아래쪽에서 36장의 비늘이 거꾸로 돋고 잉어는 온몸을 흔들며 마침내 여의주를 물고 있는 용으로 변한다. 어떠한 장애물도 역린(逆鱗; 용의 목에 거꾸로 난 비늘)에 한 번 닿기만 하면 산산이 부서져 버린다.

어변성룡은 《후한서(後漢書), 이응전(李膺傳)》에 나오는 유명한 등용문(登龍門) 고사에서 비롯된다. 그 내용을 보면 "도화(桃花; 복숭아 꽃)가 필 무렵이면 황하(黃河)의 잉어들은 센 물살을 거슬러 올라가 상류의 협곡(강주/絳州 용문현(龍門縣 소재)에 있는 용문(龍門)으로 다투어 뛰어 오르는데, 그곳을 넘어서면 용이 된다는 것이다."

후세의 사람들은 선비가 과거에 급제하여 높은 관직에 오르거나, 사업에 대성공하는 등, 큰 뜻을 이루는 것을 잉어가 용문에 오른다는 뜻인 등용문(登龍門)에 비유하였다.

불교에서는, 물고기(魚)라는 중생이 용(龍)이라는 보살이 됨을 뜻한다. 입에 머금고 있는 여의주는 깨달음의 과보로 얻게 된 대자재(大自在; 속박이나 방해를 받지 않고 자유로움)를 상징한다.

등용문 고사는 그림으로도 그려져, 잉어가 급류를 뚫고 도약해 용문을 지나 용으로 변신하는 모습을 그린 그림을 '어변성룡도(魚變成龍圖)', '약리도(躍鯉圖)', '어도용문도(魚跳龍門圖)', '어리변성룡도(漁鯉變成龍圖)', '등용문도(登龍門圖)' 등으로 일컫는다.

♣ 등용문이라 불리는 황하 호구폭포(壺口瀑布)
Carp Leaping Over Dragon's Gate